지도에서
사라진
사람들

지도에서 사라진 사람들

사라진 민족, 사라진 나라의 살아 숨 쉬는 역사

초판 1쇄 발행 2013년 12월 10일 \ **초판 3쇄 발행** 2014년 11월 20일
지은이 도현신 \ **펴낸이** 이영선 \ **편집 이사** 강영선 \ **주간** 김선정 \ **편집장** 김문정
편집 임경훈 김종훈 김경란 하선정 \ **디자인** 정경아
마케팅 김일신 이호석 김연수 \ **관리** 박정래 손미경

펴낸곳 서해문집 \ **출판등록** 1989년 3월 16일(제406-2005-000047호)
주소 경기도 파주시 광인사길 217(파주출판도시) \ **전화** (031)955-7470 \ **팩스** (031)955-7469
홈페이지 www.booksea.co.kr \ **이메일** shmj21@hanmail.net

© 도현신, 2013
ISBN 978-89-7483-625-2 03900
값 12,900원

이 도서의 국립중앙도서관 출판시도서목록(CIP)은 e-CIP 홈페이지(http://www.nl.go.kr/ecip)에서
이용하실 수 있습니다.(CIP제어번호: CIP2013024986)

사라진 민족
사라진 나라의
살아 숨 쉬는 역사

지도에서
사라진
사람들

도현신 지음

서해문집

더 나은 세계를 만드는 역사

모든 생명체가 언젠가 죽음에 이르듯 사람도 언젠가는 죽음을 맞게 된다. 그리고 사람이 모여 이룬 민족과 나라도 마찬가지다.

역사를 보면 떠오르는 태양처럼 막강한 위세를 과시하던 민족들이 소멸한 사례를 어렵지 않게 발견하게 된다. 인류 최초의 문명을 이룩한 수메르인들은 지금 어디에 있는가? 로마인들을 공포에 떨게 했던 훈족은? 고려와 송나라를 두렵게 했던 거란족은? 그리고 한반도에 살았던 고대 민족들인 옥저인과 동예인, 부여인을 지금 누가 기억하는가?

한때 영원할 것만 같았던 강대국들도 마찬가지다. 페르시아와 로마제국, 중국의 역대 왕조들, 카르타고, 바빌론, 몽골제국 등 수많은 나라들이 역사 속에서 흥했다가 사라져 갔다.

하지만 사람, 민족, 국가의 소멸이 일반적인 생물의 죽음과 구별되는 것은 죽음으로 모든 것이 사라지는 것이 아니라, 그들이 남긴 유산이 이후 역사 발전의 발판이 되어 후세에까지 그 흔적이 켜켜이 전해진다는 점이다. 우리나라만의 독특한 난방 방식인 온돌은 이미 옥저인들도 사용하던 것이었고, 세계적으로 가장 널리 쓰이는 문자인 알파벳은 페니키아인들이 쓰던 문자에서 유래했다. 로마인들에게 멸망당한 에트루리아인들이 남긴 건축물과 문화는 로마제국 건설에 디딤돌이 되기도 했다.

이 책은 역사 속에서 활발히 활동하다가 지금은 사라져 버린 민족과 집단, 나라들의 흥망성쇠를 통해 세계사의 다양한 줄기들과 그것이 이루는 큰 가지들을 찾아보며 역사 읽기의 새로운 즐거움을 전하고자 한다. 또한 사라진 민족과 나라들의 유산이 오늘날 우리가 사는 세상과 세계사에 어떤 영향을 끼치고 어떤 교훈을 남겼는지를 찾는 데 힘을 쏟았다.

수많은 사라진 집단과 민족 중에서 이 책이 다루고 있는 건 그 정체성이 지금은 이어지지 않는 집단들이다. 예를 들어 로마인과 로마제국은 사라졌지만, 지금 이탈리아인들은 로마인의 정체성을 계승하고 있다고 볼 수 있다. 하지만 우리가 교과서에서 많이 접했던 흉노족이나 거란족 등은 지금 어디에서도 찾을 수가 없다. 《지도에서 사라진 사람들》은 이처럼 그 후손이 불명확하고, 계승한 나라가 불분명한 이들의 활동과 역사적 유산에 주목했다.

이 책은 크게 네 개의 장으로 구성되어 있다. 먼저 인류 문명의 시초라고 할 수 있는 메소포타미아의 수메르에서부터 중동의 고대 민족에 속하는 파르티아까지를 첫째 장으로 묶었고, 로마제국의 멸망과 중세를 연 훈족을 비롯한 유럽·중앙아시아의 유목민들을 두 번째 장에 넣었다. 세 번째는 흉노와 거란 등 동북아시아에서 활동한 유목 민족들이며, 네 번째 장에는 고대 한반도에서 활동한 민족들을 넣었다.

특정한 집단을 가리키는 명칭 '-인'과 '-족'에 사용에는 큰 의미를 두지 않았다. 일부에서는 이 둘을 엄연히 구분하기도 하지만, 사실상 '흉노족' '흉노인'처럼 두 접미사가 동시에 사용되기도 하고, 사전적 의미로도 명확하게 구분하기가 쉽지 않다. 본문 속에서는 일반적으로 두루 쓰이는 쪽을 택하되 판단이 쉽지 않을 경우, 이동을 자주 하던 집단에는 '-족'을, 정착생활을 하던 집단에는 '-인'을 사용했다.

우리가 지금 발 딛고 있는 이 세계는 무수한 역사적 흐름 위에 서 있다. 그리고 그 흐름들은 동시대의 다종다양한 집단과 개인의 교류 속에서 완성된 것들이다. 따라서 지금 현재, 여기 이곳은 결코 단절된 시간이나 공간이 아니라, 자연스럽게 무수한 소통이 이뤄진 과거들의 연장선상에 있다고 할 수 있다.

《지도에서 사라진 사람들》은 그렇게 우리 세계의 근거를 밝히면서, 한편으로는 앞으로 남은 우리 삶에 중요한 의미를 더하고자 한다. 그것은 우리 한 사람 한 사람의 삶이 모여 더 나은 세계를 위한 또 하나의 역사가 된다는 사실이다.

2013년 11월 도 현 신

차례

고대 여명기의 민족들

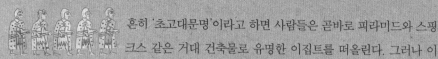 흔히 '초고대문명'이라고 하면 사람들은 곧바로 피라미드와 스핑크스 같은 거대 건축물로 유명한 이집트를 떠올린다. 그러나 이집트보다 더 앞서서 문명을 이룩한 사람들이 있었으니, 바로 수메르인Sumerian들이다. 고대 그리스인들은 지금의 이라크 지역을 '두 강 사이의 땅'이란 뜻의 '메소포타미아'란 말로 불렀는데, 이 지역은 인류 최초의 문명이 태어난 곳이다. 지금으로부터 7300년 전, 이라크 남부의 알–우바이드al-Ubaid 지역에서 도기와 구리 그리고 각종 신들을 섬기는 신전들이 만들어졌다. 이 우바이드 문명은 기원전 4000년경 기후변화로 인해 쇠퇴했으며, 그 이후 메소포타미아 바깥에 살던 수메르인들이 들어왔다.

수메르인

<u>인류 문명의</u>
<u>시초를 열다</u>

5000년을 이어 온 현대 문명의 뿌리
::

수메르인들의 진짜 고향이 어디인지는 확실히 알려지지 않았다. 다만 지금의 이란이나 터키 지역에서 이주한 것으로 추정할 뿐이다. 그리고 수메르인들이 남긴 점토판을 분석한 결과에 따르면, 수메르인들은 검은 색의 머리카락과 눈동자를 지녔다.

초기 수메르인들은 작은 마을을 이루고 살다가 기원전 3300년 무렵 우룩Uruk을 중심으로 여러 도시국가들을 건설하면서 문명의 싹을 틔웠다.

수메르인들의 사회구조는 현재와 비교해도 크게 다른 점이 없었다. 달리 말하면 수천 년의 세월이 흘렀음에도 인류 사회의 뼈대는 그 본질이 크게 변하지 않는다는 뜻이 되겠다. 지금으로부터 5000년 전, 수메르인들은 세계

수메르인들의 외모를 묘사한 인형. 수메르인들은 검은 눈동자와 머리카락을 지녔으며, 수염을 깎지 않고 길게 길렀다. 고대 중동에서는 수염에 남자의 힘이 담겨 있다고 믿고 수염을 가급적 깎지 않았다.

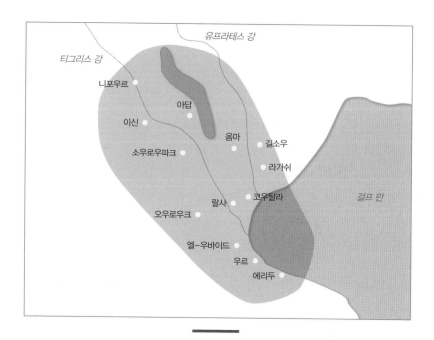

수메르의 고대도시들.

최초의 성문법을 만들었다. 역사상 최초의 성문법은 바빌론의 함무라
비 법전이라고 알려져 있으나, 사실은 그보다 훨씬 앞서 수메르인들이
만들었다. 함무라비 법전은 수메르인들이 만든 법전을 그대로 모방한
것에 불과했다.

수메르의 법에서는 사회적 약자인 고아와 과부, 거지와 노동자들
을 보살펴야 한다는 조항도 있었다. 또한 가난한 사람들에게 과중한 세
금을 걷어서는 안 되며, 사람들이 서로 싸우다 다치면 배상금을 지불하

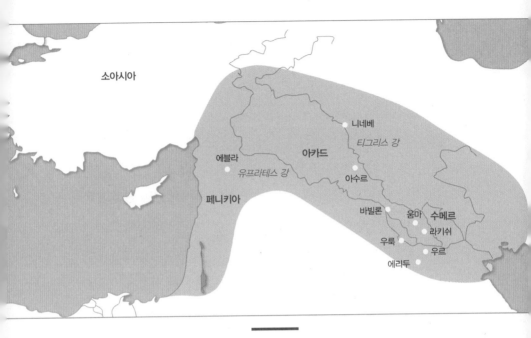

소아시아

니네베

티그리스 강

아카드

에블라
유프라테스 강

아수르

페니키아

바빌론
움마 수메르
라키쉬
우룩
우르
에리두

수메르가 위치했던 일명 '비옥한 초승달' 지역. 이곳은 토양이 매우 비옥하여 풍부한 농업 생산량을 확보할 수 있었으며, 그 때문에 인류 최초의 문명인 수메르 문명이 꽃피울 수 있었다.

라는 조항도 포함되어 있었다.

수메르에는 조세 징수원, 농부, 어부, 도축업자, 제빵 기술자, 의사, 목동, 음악가, 교사, 군인, 성직자, 목수, 금속 기술자, 서기관 등 지금과 같은 다양한 전문 직업이 존재했다. 수메르의 조세 징수원들은 처음에는 곡식을 세금으로 받다가, 점차 은을 화폐로 사용하게 되면서 은을 세금으로 걷었다.

수메르에서 특히 존중받은 직업은 문자로 기록을 남기는 서기관이었다. 수메르 시대에는 종이가 발명되기 전이어서 진흙으로 만든 점토판에 글자를 새겼다. 서기는 가난한 집안의 아이들이 출세할 수 있는 몇 안 되는 길이었다. 힘든 육체적 노동을 하지 않고도 높은 임금을 받을 수 있고, 사회 상류층들에게도 존중을 받는다는 이유 때문이었다.

그리고 수메르인들은 진흙 점토판에 새기는 최초의 문자를 개발하기도 했다. 최초의 수메르 문자는 뜻을 그림으로 나타낸 상형문자였다가, 나중에는 못처럼 뾰족하게 생긴 설형문자로 바뀌어 갔다. 사회가 발전하면서 복잡한 뜻을 일일이 상형문자로 표시하기 어려워져, 간단한 형태의 설형문자로 변해 간 것으로 보인다.

구약성경의 모태가 된 수메르 신화
∷

고대 사회의 문화는 대부분 종교에서 비롯되었다. 수메르인들은 하늘의 신인 아누와 풍요의 신 두무지, 사랑과 수확의 여신 이난나 등 여러 신들을 믿었다. 그중에서 가장 열렬히 숭배했던 신은 두무지와 이난나였다. 수메르인들은 자신들이 이룩한 찬란한 문명의 원동력이 풍성한 농업 생산력이라고 믿었고, 그래서 농업을 주관하는 두무지와 이난나를 높이 섬겼던 것이다.

수메르인들은 매년 겨울이 되면 두무지가 죽고, 그를 찾기 위해 이난나가 지하 세계로 내려갔다가 봄이 되면 두무지와 함께 돌아와 풍요로운 한 해를 약속한다고 믿었다. 이런 두무지-이난나 신화는 훗날 서쪽인 그리스로 전해져, 미소년 아도니스와 여신 아프로디테의 신화로 변형되었다.

풍요를 숭배했던 수메르인들은 야릇한 풍습도 가지고 있었다. 그들은 매년 봄마다 이난나 여신을 섬기는 사원에서 남녀가 공개적으로 집단 성교를 했다. 이들은 남녀의 성행위가 아이를 낳듯이 그해의 풍성한 수확도 가져다준다고 믿었다. 오늘날의 눈으로 보면 매우 문란해 보이지만, 고대인들에게 섹스는 결코 부끄러운 행위가 아니었다.

수메르인들은 또한 인간이 죽을 수밖에 없다는 사실에 주목하여, 죽음을 극복하는 방법을 신앙에서 찾기도 했다. 인류 최초의 영웅 설화인 '길가메시 전설'은 실제로 수메르의 도시국가인 우르를 다스린 길가메시 왕을 다룬 이야기이다. 길가메시는 영원한 생명을 얻기 위해 현자인 우트나쉬피팀을 찾아갔는데, 우트나쉬피팀의 입을 통해 태곳적에 있었던 대홍수 이야기를 듣는다. 놀라운 점은 우트나쉬피팀이 말하는 대홍수 설화가 구약성경에 기록된 노아의 대홍수 설화의 구조와 거의 흡사하다는 것이다(신이 인류의 죄악에 분노하여 홍수로 세상을 쓸어 버리려고 하는데, 그중 착한 사람을 배에 태워 살려 주고, 나중에 그를 통해 새로운 인류를 일으킨다는 내용). 노아의 대홍수 설화보다 훨씬 이전에 나온 수메르 대홍수 설화를 유대인들이 그대로 가져왔기 때문이다.

'길가메시 전설'에서 길가메시는 우여곡절 끝에 결국 영원한 생명을 주는 풀을 찾았으나, 목욕을 하러 물에 들어간 사이 뱀 한 마리가 와서 그 풀을 물고 달아나 버린다. 영생을 잃고 결국 죽을 운명을 받아들일 수밖에 없다는 사실에 절망한 길가메시는 크게 상심하고 우르로 돌아간다. 뱀이 인류가 영생을 얻을 수 있는 기회를 빼앗은 사악한 동물이라는 시각은 훗날 구약성경에서 뱀이 인류를 유혹하여 죄를 짓게 했다는 내용과 비슷하다. 한편으로는 그 덕분에 뱀은 영원한 생명을 누릴 수 있는 신비한 생물이라는 믿음이 중동 각지에 퍼지게 되었다.

오늘날 세계인들이 즐겨 마시는 술인 맥주도 유럽인들이 아닌, 수메르인들의 발명품이었다. 수메르인들은 보리를 재배했는데, 보리를 발효시켜 만든 맥주를 일상에서 즐겨 마셨다. 단, 수메르인들이 마신 맥주는 맛과 농도가 지금보다 더 짙고 걸쭉하여 마치 죽과 같았다. 수메르인들은 현대인들처럼 맥주를 각자의 컵에 따라 마시는 방식이 아닌, 맥주가 담긴 항아리에 갈대로 만든 빨대를 넣고 여럿이 함께 빨아 마시는 방식을 선호했다.

수레바퀴와 방패벽 전술, 최강의 수메르 부대
::

다른 고대인들처럼 수메르인들도 그들의 문명을 지키기 위해 끊임없이 전쟁을 벌여야 했다. 수메르 군대는 어떻게 싸웠을까?

수메르인들은 인류 최초로 바퀴가 달린 수레를 만들었다. 현재처럼 바큇살이 여러 개 달린 형태가 아닌, 그저 둥근 탁자처럼 생긴 것이

당나귀가 끄는 수레와 보병들을 묘사한 수메르의 유물.
일명 '우르의 군기軍旗'.

어서 빠른 속도로 달릴 수는 없었지만 당시로서는 획기적인 것이었다. 수메르인들이 활동하던 시기에는 아직 말을 가축으로 길들이지 못한 상태였다. 그래서 수메르 군대에는 말을 탄 기마병이 없었다. 대신 야생 당나귀를 잡아 가축으로 삼고, 당나귀들이 끄는 수레를 전투용으로 사용했다. 수메르의 전차 부대는 한 명의 기수가 네 마리의 당나귀들을 부려 움직이고, 동시에 그 옆에 탄 전투원이 창을 던지며 싸우는 방식으로 운용되었다. 그러나 당나귀는 말보다 체구가 작고 체력이 약해서 전투용으로는 그리 적합하지 않았다. 때문에 학자들은 수메르 전차 부대가 신분이 높은 지휘관이 탑승하여 군대를 지휘하는 용도로 사용되었을 것이라고 추측하고 있다.

수메르 군대의 주력 부대는 두 발로 걸어 다니며 싸우는 보병이었다. 수메르인이 활동했던 시기는 갑옷이 발명되기 전이어서 수메르 보병들은 갑옷을 착용하지 않았다. 대신 그들은 양털로 짠 겉옷을 망토처럼 두른 뒤, 나무나 구리로 만든 투구와 방패를 착용하고, 오른손에 구리 촉 창날이 달린 창을 쥔 채로 동료 병사들과 밀집 대형을 이루는 거대한 '방패벽 전술'을 구사했다.

즉, 창과 방패를 든 보병들의 밀집 전술은 흔히 알려진 것처럼 고대 그리스인들이 처음 만들어 사용한 것이 아니라, 이미 5000년 전의 수메르인들이 사용한 전법이었던 것이다. 방패벽 전술은 인류가 총과 대포 같은 화약 무기들을 발명해 전장에 도입하기 전까지 동서양을 막론하고 널리 사용된 전법이었다. 수메르 시대보다 4000년이나 지난 시기 유럽에서도 로마군과 게르만족 전사들은 모두 방패벽 전술로 맞서 싸웠다.

고대 전투를 다룬 할리우드 영화나 TV 드라마들을 보면, 먼저 장군이 연설을 한 다음, 병사들이 앞으로 몰려가서 서로 어지럽게 얽혀 난투극을 벌이는 장면이 나온다. 그러나 그러한 설정은 고대 전투의 실상과는 많이 다르다. 실제로 대부분의 고대 전투는 다음과 같이 진행되었다.

질서정연하게 대열을 이룬 보병 무리가 서로 마주 보고 서서, 나팔소리나 깃발의 움직임을 신호 삼아 서서히 전진한다. 그러다 거리가 좁혀지면 보병들끼리 방패를 맞대고 상대의 대오를 무너뜨리기 위해 밀어내기를 시도한다. 힘에서 밀린 어느 한쪽 대열이 무너지면, 그때부터 일방적인 학살극이 벌어진다. 2007년에 개봉한 영화 〈300〉에서 스파르타 전사들이 페르시아 대군과 싸울 때, 바로 앞에서 마주한 채 방패를 맞대고 밀쳐 내려 애쓰던 장면을 떠올리면 될 것이다.

수메르 문명은 초기 청동기 시대로 분류된다. 수메르인들은 창이나 화살 같은 무기 끝에 구리로 만든 촉을 만들어 붙였지만, 구리 무기를 장만할 여력이 없는 가난한 이들은 석기를 가공한 돌도끼나 나무 몽둥이를 무기로 들고 나갔을 것이다.

수메르 시대에는 도시를 공격하는 공성전이 별로 효율적이지 못했다. 아직 뛰어난 공성 무기가 발명되기 전이어서, 대부분의 공성전은 그냥 도시를 포위한 상태에서 식량과 물자의 공급을 차단하고, 적이 굶주림에 지쳐 항복하기를 기다리는 식이었다.

민주정에서 왕정으로

::

초기 수메르인들은 여러 도시국가들로 나누어져 있었고, 주민 투표를 통해 각 도시의 행정을 책임진 지도자를 선출했다. 그리고 임기가 끝나면 새로운 투표로 다른 지도자를 뽑았다. 고대 그리스인들보다 1000년이나 먼저 민주주의를 사회제도로 채택했던 것이다.

그런데 기원전 2900년부터 수메르인들은 민주정에서 왕정으로 정치체제를 서서히 바꿔 나갔다. 투표로 선출된 지도자는 시간이 지나면서 종신 임기제로 바뀌었고, 나중에는 투표도 사라져 지도자들은 자신의 아들에게 권력을 넘겨주기 시작했다. 그리고 지도자들은 민중들 위에 서서 그들을 지배하는 절대 권력자인 왕으로 변질되어 갔다.

수메르인들이 왜 민주정을 버리고 왕정을 채택했는지는 확실히 알수 없다. 수메르와 마찬가지로 공화정으로 시작했다가 시간이 지나면서 제정으로 바꾼 로마처럼, 도시국가를 다스리던 지배층들 내부에서 서로더 많은 권력을 독점하기 위한 싸움이 벌어지고, 그 싸움의 결과 강고한절대 권력을 가진 왕이 탄생하지 않았나, 하고 짐작할 뿐이다.

수메르 점토판에 이름이 보이는 최초의 왕은 엔메르카르Enmerkar이다. 그의 시대로부터 100년이 지난 기원전 2800년, 수메르 서북부 도시인 키시Kish의 13번째 왕 에타나Etana가 다른 도시국가들을 굴복시키고잠시나마 전 수메르 지역을 통일했다.

하지만 수메르의 통일은 얼마 못 가 다시 내전이 시작되면서 끝났

고, 키시, 우룩, 라가시 등 여러 도시국가들의 전쟁
은 계속되었다. 길가메시 서사시로 유명한 길가메
시도 기원전 2700년, 우룩을 다스리는 왕의 이름
으로 점토판에 언급된다. 고고학적인 조사에 의하
면 기원전 2600년경, 우룩의 성벽은 예전보다 더
크고 두텁게 증축되는데, 전쟁의 양상이 치열해지
면서 도시 주민들이 성벽을 보강한 것이라고 고고
학자들은 추정하고 있다.

기원전 2250년 수메르의 왕
인 구데아의 흉상.(루브르 박
물관 소장)

소금이 불러온 수메르의 몰락
::

도시국가들끼리의 내분이 격화되면서 수메르의 세력이 약해지자 외부
세력들이 수메르를 넘보기 시작했다. 기원전 2530년, 지금의 이란 남서
부에 살던 엘람족Elam은 수메르를 공격하여 80년 동안 수메르 지역 대
부분을 지배했다. 그로부터 116년 후에는 키시 북부의 아카드인Akkadian
들이 남하하여 엘람족을 그들의 고향으로 몰아내고 수메르를 점령했
다. 아카드의 사르곤 대왕Sargon(BC 2334~2279)은 현재의 시리아 동부
에서 이라크 남부에 이르는 방대한 영토를 지배하며 위세를 떨쳤다.

기원전 2154년, 아카드 왕국은 왕위 계승을 둘러싼 내분이 격화되
어 멸망했고, 71년 후에 수메르는 이라크 북동부 자그로스 산맥의 유목

민인 구티족Gutian에게 약탈을 당했다. 큰 혼란에 휩싸인 수메르는 기원전 2047년, 다시 도시와 사원 등을 재건하여 부흥을 맞이하는데, 고고학자들은 이 시기를 '수메르의 르네상스'라고 부른다. 그러나 얼마 못가 수메르의 부흥은 막을 내리고, 수메르 문명 자체가 소멸하게 된다. 연이은 외침에도 계속 살아남았던 수메르는 왜 사라졌던 것일까?

이유는 수메르 문명 자체에 내재되어 있던 결함 때문이었다. 수메르인들은 곡식을 생산하는 농지를 늘리기 위해 북쪽 산맥에 자라는 숲을 베어 냈는데, 숲이 사라지자 비만 오면 홍수가 나 농경지가 자주 물에 잠겼다. 원래 숲이 있던 산악 지역의 토지에는 소금기가 포함되어 있었는데, 이 소금기가 홍수를 타고 농경지에 쌓이게 되었다.

게다가 수메르인들은 농지에 필요한 물을 공급하기 위해 관개수로를 설치했는데, 관개수로에 흐르는 물에도 소금기가 포함되어 있었다. 물론 그 양은 매우 적었으나, 시간이 흐를수록 점차 농경지에 쌓이는 소금기가 많아지고, 그런 현상이 약 1300년이나 계속되었다는 것이 문제였다. 당연히 곡물들의 성장에 점차 문제가 생기기 시작했다. 얼마나 많은 소금기가 대지에 충적되었는지, 기원전 1700년 무렵에는 하얀 소금 성분들이 땅 표면에 그대로 드러나 사람 눈으로 직접 볼 수 있을 정도였다. 아울러 숲은 수분을 머금고 있기 때문에 토양의 건조화 현상을 막아 주는 역할도 하는데, 수메르인들은 그런 숲을 마구 베어 냈기 때문에 토양의 건조화는 더욱 심해질 수밖에 없었다.

지나친 소금기로 인해 곡식을 심어도 곡물이 자라지 않자 풀을 먹을 수 없게 된 가축들이 굶어 죽어 갔다. 그리고 수메르인들도 작황을 할 수 없어 굶주림에 시달리기 시작했다.

그리하여 메소포타미아는 지나친 소금기로 인한 토지의 건조화 현상으로 황량한 땅으로 변해 갔으며, 수메르 문명도 인위적인 환경 파괴로 인해 자멸하고 말았다. 수메르 시대 이후로부터 약 1000년 동안 사람들이 필사적으로 소금기를 걷는 작업을 하고 나서야 염화 현상은 겨우 진정될 수 있었다.

쇠퇴해 가던 수메르 문명에 마지막 타격을 가한 것은 엘람인들이었다. 기원전 1940년, 엘람인들은 수메르의 도시국가인 우르Ur를 침략해, 무자비한 파괴와 약탈, 살육을 자행했다. 이 타격으로 수메르는 치명적인 피해를 입었고, 살아남은 자들은 엘람인들에게 노예로 끌려가거나 도시 밖으로 달아나 버렸다.

그리고 기원전 18세기, 키시 서부의 도시국가인 바빌론을 다스리던 함무라비 대왕Hammurabi(BC 1792~1750)은 수메르 전 지역을 정복하고 바빌론 왕국을 세웠으며, 수메르의 남은 잔존 세력을 모두 흡수했다. 이로써 1600년을 이어온 수메르 문명은 완전히 소멸했다.

하지만 수메르인들이 이룩한 문명의 성과는 결코 헛된 것이 아니었다. 그들이 만든 바퀴와 수레, 상형문자와 맥주, 법전과 공화정치, 영웅 신화와 창세 신화 등은 계속 후대로 전해져 오늘날 현대 문명에도 짙은 흔적을 남겨 놓았다.

지금의 터키는 서기 11세기 말 중앙아시아에서 이주해 온 아시아계 유목민인 투르크족이 그 지역을 점령하면서 그들의 이름을 따 붙여진 이름이다. 하지만 터키가 있는 땅인 소아시아 반도는 원래 인도·유럽어 계통의 백인들이 살던 곳이었다. 그래서 오늘날 터키인들은 자신들의 정체성을 멀리 몽골 초원에서 활동하던 투르크계 민족인 돌궐족에서 찾지만, 오랫동안 백인들과 혼혈을 해왔기 때문에 터키인들의 외모는 유럽 백인들과 비슷하다. 반대로 몽골과 위구르 등 아직까지 동아시아에 남아 있는 투르크계 유목민들의 외모는 영락없는 동양인의 모습이다.

고대 소아시아 반도에는 백인 계통의 민족들이 살았는데, 그들 중 강력한 왕국을 건설하여 중동의 패권을 놓고 이집트와 다툰 나라가 있었으니, 바로 히타이트Hittite다.

히타이트인

세 계 최 초 의
철기 문화를 만들다

베일에 가려져 있던 전설의 왕국
::

19세기 말까지 히타이트는 실제 역사로 인정받지 못했다. 히타이트에 관한 언급은 구약성경에 나온 '헷족'이라는 표기가 유일했기 때문이다. 그래서 서구 학자들은 히타이트가 그저 전설 속에나 있을 뿐, 실제로 존재했던 나라는 아니라고 여겼다.

하지만 1876년과 1879년 무렵, 조지 스미스와 W.H. 스킨 등 영국의 고고학자들이 터키와 시리아 등지에서 진행한 발굴 조사 작업을 통해 비로소 히타이트 왕국의 실체가 드러났다. 그리하여 히타이트 왕국이 실제로 존재했다는 사실은 명확해졌다.

히타이트인들은 본래 지금의 우크라이나 남부인 아조프 해 부근에서 살던 인도·유럽어족 계통의 유목민이었다. 그러다가 기원전 2000년 무렵, 100년에 걸친 여정 끝에 코카서스 산맥을 거쳐 소아시아 반도로 이주했다.

하지만 히타이트인들이 오기 전, 소아시아 반도에는 이미 원주민들인 네샤, 루비, 하티, 후리족 등이 살고 있었다. 히타이트인들은 그들

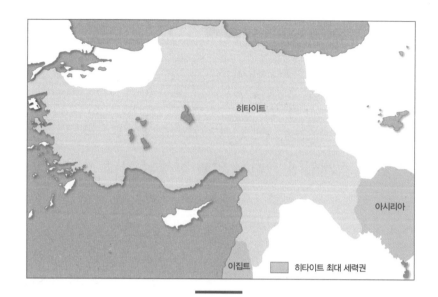

히타이트 왕국의 영토를 나타낸 지도.

을 정복했으나, 그들의 문화를 존중해서 강제로 동화시키지는 않았다. 그래서 히타이트 왕국에서는 네샤, 루비, 하티, 후리족들의 언어가 계속 쓰였고, 아울러 수메르어와 아카드어도 사용되었다.

BC 14세기,
중동의 패권국이 되다
::

히타이트인들이 남긴 점토판은 아직까지 그 분량이 많지 않고, 파손된 것들이 대부분이라 그들의 역사를 온전히 복원하기는 어렵다. 따라서 히타이트의 역사는 안갯속에서 길을 찾듯이, 사실과 추측을 섞어서 추정할 수 있을 뿐이다.

그래도 자신들의 손으로 어떠한 기록도 남기지 않고 사라진 다른 민족들과는 달리, 히타이트인들은 쐐기같이 생긴 설형문자를 만들어 점토판에 자신들의 기록을 남겼다.

히타이트 점토판에 처음 언급된 그들의 왕은 팜바Pamba라는 인물인데, 기원전 22세기에 존재했던 것으로 추정된다. 연대로 보면 히타이트인들이 소아시아 반도로 이주하기 전, 그들이 원래의 고향인 아조프 해 북쪽에 살았던 시절의 통치자인 듯하다.

소아시아 반도로 이주한 히타이트인들은 한동안 원주민들과 주변의 작은 도시국가들을 정복하는 데 힘을 쏟다가, 기원전 1650년 무렵 라바르나 대왕이 비로소 소아시아 반도의 중부를 지배하는 히타이트 왕국을 세운다. 그리고 기원전 1565년과 1530년까지 하투실리 1세와 무르실리 1세가 소아시아 서부와 시리아 북부, 메소포타미아 서부까지 정복하여 영토를 크게 넓혔다. 하투실리 1세 때 수도가 된 하투샤는 히타이트 왕국이 망할 때까지 히타이트의 중심지로 남는다.

하지만 기원전 1530년부터 약 30년 동안 히타이트 왕실에서 왕위를 놓고 연이어 반란과 정변이 일어나 나라가 대혼란에 빠졌다. 1500년 무렵 즉위한 텔리피누 왕은 왕실의 안정을 되찾기 위해, 나이순으로 왕자가 왕위를 잇도록 하고, 왕이 죽었을 때 살아 있는 왕자가 없으

히타이트인들이 점토판에
남긴 설형문자.

도기 파편에 묘사된
히타이트인들의 모습.

면 제일 나이가 많은 사위가 왕위를 물려받으며, 사위도 죽고 없다면
왕의 동생들 중에서 가장 나이가 많은 사람이 다음 왕이 되도록 법을
정했다.

　기원전 1500년 이후로 히타이트는 소아시아 북쪽, 지금의 흑해와
인접한 지역에 살던 카쉬카족의 잦은 침략에 시달렸다. 히타이트 왕들
은 카쉬카족을 토벌하려 했으나, 그들은 일정한 거주지 없이 떠도는 유
목민이어서 쉽게 정복할 수 없었다. 1355년까지 카쉬카족은 히타이트
를 상대로 약탈과 파괴를 일삼아, 히타이트는 그들을 상대하는 데 국력
의 대부분을 쏟아야 했다.

　그러다 수필룰리우마스 1세(BC 1355~1320)가 즉위하면서 히타이
트는 다시 강대국으로 부상한다. 그는 카쉬카족과 싸워 승리했고, 멀리
동방의 미탄니 왕국을 공격하여 시리아 북부와 우가리트를 점령했으

며, 아울러 이집트로 가는 통로인, 가나안 지역에 위치한 작은 도시국가 아무르를 복속시킴으로써 히타이트 왕국을 이집트에 필적하는 중동의 강대국으로 성장시키는 위업을 세웠다.

수필룰리마우스 1세 시절에는 히타이트가 이집트를 차지할 뻔한 일도 있었다. 이집트의 파라오 투탕카멘(무덤에서 찬란한 황금 마스크가 발굴되어 유명한 왕)이 죽자, 그의 왕비인 안케센아멘이 수필룰리마우스 1세에게 "당신의 아들과 결혼하여 그를 이집트 파라오로 삼고 싶습니다."라는 내용이 담긴 편지를 보낸 것이다.

히타이트와 그다지 사이가 좋지 않고, 게다가 히타이트에 맞먹는 강대국인 이집트의 왕비가 난데없이 히타이트 왕자와 결혼을 하겠다고 편지를 보내다니? 수필룰리마우스 1세는 그 말을 믿기 어려워 사신을 보내 정말로 안케센아멘이 히타이트 왕실과 혼인을 맺고 싶어 하는지를 알아 오도록 했다. 히타이트 사신을 만난 안케센아멘은 편지를 보내 "나는 정말로 히타이트 왕자와 결혼하고 싶습니다."라고 거듭 혼인 의사를 밝혔다.

안케센아멘이 진심으로 히타이트 왕실과 결혼하기 원한다는 사실을 알게 된 수필룰리마우스 1세는 자신의 아들 중 한 명을 이집트로 보냈다. 그러나 이집트의 지배층인 신관들은 히타이트 출신 파라오를 맞고 싶지 않았다. 이들은 자객을 보내 이집트로 오던 히타이트 왕자를 암살해 버렸다. 그리고 늙은 신관 중 한 사람이 안케센아멘과 결혼하여 히타이트와의 혼인을 무효화시켰다.

결국 이집트 왕실과의 혼인은 무산되었으나, 수필룰리마우스 1세 시절에 히타이트는 이집트 왕비가 결혼을 바랐을 정도로 강국이 되어 있었던 것이다.

"그대의 나라는 이런 무기를 만들 수 있는가?"

::

히타이트가 강력한 나라로 떠오른 배경은 단연 그들이 가진 군사력 덕분이었다. BC 15세기에서 13세기까지 히타이트의 군대는 이집트를 능가하는 중동 최강의 전력을 구축했다.

그 비결은 히타이트인들이 발명한 철기 제조 기술 때문이었다. 기원전 14세기경, 히타이트인들은 고온에 철광석을 녹여 좋은 품질의 철을 만드는 방법을 알아냈다. 부드러워 쉽게 휘어 버리는 연철이 아닌, 고품질의 강철을 얻으려면 약 1053℃ 이상의 고온이 필요하다. 히타이트인들 이전에도 철제 도구는 있었지만, 모두 연철이거나 우주에서 떨어진 운석에 포함된 순수한 성분의 철로 된 희귀한 운철들이었다.

순수한 품질의 강철을 만드는 데 성공하면서 히타이트는 진정한 강국으로 떠올랐다. 고대 세계에서 강철은 현대의 원자폭탄이나 레일건(마하 7의 초고속으로 발사되는 미사일) 같은 최첨단 무기였다고 할 수 있다.

히타이트의 강철은 그들의 위세를 상징하는 도구였다. 나중에 카데시 전투에서 람세스를 혼내 준 히타이트 왕 무와탈리스의 동생인 하투실리스 3세는 람세스에게 히타이트의 강철 단검을 보내면서 "그대의 나라는 이런 무기를 만들 수 있는가?"라며 조롱하기까지 했다.

히타이트인들은 자국이 보유한 강철 제조 기술을 철저히 비밀에 부쳐 외부로의 반출을 엄격히 금지했다. 그 덕분에 이집트를 비롯한 주변국들은 끝내 히타이트의 철제 기술을 손에 넣지 못하고 청동제 무기로 만족해야만 했다.

고대의 다른 중동 국가들처럼 히타이트 군대의 주력 부대도 말이 끄는 전차였다. 그러나 히타이트 군대의 전차는 적국인 이집트와는 조금 달랐다. 이집트 전차는 말 두 마리가 끌고 병사 두 명이 탑승하여 한 명은 말들을 몰고 다른 한 명은 활을 쏘는 식으로 운용되었으며, 전차 자체도 고리 버들을 엮어 만들어 말들의 굴레를 풀면 한 명이 전차를 들고 다닐 정도로 가벼웠다. 그런 만큼 이집트 전차들은 빨랐으며, 신속한 기동성을 이용해 멀리서 적을 향해 화살을 퍼붓는 방식으로 싸웠다.

이에 반해 히타이트 전차 부대는 말 세 마리가 전차를 끌고 세 명의 전투원이 탑승하여 한 명이 말들을 몰면서, 기수 왼편의 병사는 방패를 들어 적의 공격을 막고, 오른편의 병사는 창을 들고 있다가 적이 나타나면 던지는 식이었다. 히타이트 전차 부대는 이집트 전차에 비해 탑승 인원이 많았고, 기동성보다는 전투력을 중시한 방식으로 운용되었다.

또한 히타이트 군대는 정예 부대인 전차병들을 보호하기 위해 뛰

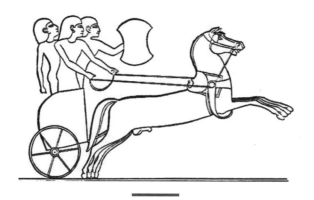

히타이트인들이 몰았던 전차의 모습.
세 마리 말들이 끌고 세 명의 병사가 탑승했다.

어난 철제 무기 제조 방식과 풍부한 광물 자원들을 이용하여 가죽 위에 쇳조각들을 끈으로 묶은 갑옷을 착용토록 했으며, 전차를 끄는 말들을 보호하기 위해 말에도 갑옷을 입힐 정도였다.

전차 부대 이외에 다른 히타이트 병사들은 대부분 보병이었다. 히타이트 보병들은 오른손에 2m 내외의 창을 쥐고 둥근 방패를 왼손에 들었으며, 모든 병사들이 밀집한 방진 형태의 전술을 구사했다. 전투가 벌어지면 보병들은 후방에 위치해 있다가, 전방의 전차들이 적진을 강타하면 그들을 뒤따라가 적에게 최후의 일격을 가했다. 주로 부유한 귀족이 주축을 이룬 전차병에 비해, 보병들은 가난하고 신분이 낮은 평민들이 주류를 이루었다. 그러나 보병들은 전장에 나가 약탈을 하여 한몫을 챙기려는 기대를 갖고 용감하게 싸웠다.

이 밖에도 히타이트에 복속되어 있던 주변의 작은 나라들은 히타이트가 외국과 전쟁을 벌이면 군대를 보내 지원해야 할 의무가 있었다. 그래서 히타이트군은 히타이트인이 주축이 된 부대와 외국인 지원 부대로 이루어졌다.

죽어서
신이 되는 왕
::

히타이트인들은 다른 고대인들처럼 자연을 신격화한 수많은 신들을 믿었다. 그들이 가장 높이 숭상했던 신은 폭풍과 비와 천둥의 신인 테슈프였다. 히타이트 왕국이 위치한 소아시아 반도 중앙부는 높고 험한 고원지대라서 바람이 거셌는데, 이 바람이 히타이트에 큰 도움을 주었다. 무기에 필요한 철을 제조하기 위해서는 불의 온도가 높아야 했는데, 고원에서 불어오는 바람이 거세고 잦을수록 불이 더 뜨거워져 고품질의 철을 얻을 수 있었던 것이다. 그래서 히타이트인들은 폭풍의 신을 최고 신으로 섬겼다.

　히타이트인들은 왕을 신격화하기도 했다. 히타이트의 왕은 보통 사람들과 다른 더 높은 존재로 여겨졌으며, 히타이트인들은 왕이 죽으면 신으로 숭배했다. 하지만 히타이트 왕들은 테슈프 같은 자연신들에 비해 다소 급이 낮은 신으로 여겨졌다.

　히타이트인들의 먹거리는 다른 고대 중동 지역의 주민들과 비슷했다. 소나 양 같은 가축의 고기와 보리로 만든 빵, 각종 채소와 꿀, 맥주와 와인 등이 히타이트인들의 음식이었다. 가난한 사람들은 채소와 맥주를 먹었고, 부유한 사람들은 고기와 빵, 와인을 즐겼다. 히타이트인들은 바다를 낯설게 여겼기 때문에 바닷고기를 잘 먹지 않았다. 물론 히타이트의 영토에 있는 강과 호수에서는 민물고기가 많이 살았으나, 유목민의 후예인 탓에 히타이트인들은 생선을 그다지 좋아하지 않았다.

히타이트 왕국은 성직자, 군인, 서기관, 술 빚는 기술자, 농부, 광부, 가수, 무용수, 요리사 등 여러 가지 직업들을 체계적으로 갖추고 있었다. 그중 사회적으로 가장 대접받는 직업은 신들과 소통한다고 여겨지

터키의 히타이트 신전 유적지에서 발견된 쌍두 독수리 문장.
이 문장은 후에 유럽으로 전해져서 유럽 각국 왕실들의 상징이 된다.

던 성직자였고, 다음은 전쟁터에 나가 공을 세우는 군인이었으며, 점토판에 각종 기록을 남기는 서기관이 그 뒤를 이었다.

이집트와의 결전, 카데시 전투

::

기원전 1299년, 히타이트 왕국은 중동의 패권을 놓고 경쟁국인 이집트와 대결전을 벌인다. 그 장소는 지금의 시리아 남서쪽의 작은 마을 카데시였다. 1997년 3월, 한국에 출간된 프랑스 역사소설《람세스》3권에 자세히 묘사된 카데시 전투다.

이 전투에서 이집트의 람세스 2세는 자신이 직접 2만의 군대를 이끌고 출정하여 히타이트군과 싸웠으나, 초반에는 히타이트군의 매복에 걸려 아주 위급한 상황에 놓였다. 히타이트군이 이집트군을 밀어붙였고, 기습을 당한 이집트군은 허둥대다가 선두에 선 부대들이 궤멸되어 달아나 버렸다.

그러나 초전에 승리한 히타이트군 병사들은 이집트군 병영을 습격해 약탈을 하다가 그만 이집트군의 잔존 세력이 집결하도록 내버려 두는 실수를 저질렀다. 히타이트군이 약탈에 정신이 팔린 동안, 람세스 2세는 남은 병력을 다시 규합하여 히타이트군을 공격해 그들을 패주시키는 데 성공했다.

카데시 전투를 묘사한 이집트 벽화.

카데시 전투 초반에는 히타이트군이 우세하다가 후반에는 이집트 군이 전황을 지배한 것이다. 두 나라 군대 모두 막대한 피해를 입어 교착 상태에 빠졌고, 결국 람세스 2세가 철수하면서 전투가 끝났다. 람세스 2세는 이집트로 돌아와 자신이 승리했다는 메시지를 담은 기념물을 세웠으나, 사실 카데시 전투 이후에도 가나안 지방과 카데시는 여전히 히타이트의 지배하에 있었다. 결과로만 본다면 이집트군의 침략을 격퇴한 히타이트가 진정한 승리자라고 할 수 있다.

하지만 카데시 전투가 히타이트에 미친 영향은 결코 적지 않았다. 카데시 전투에서 이집트군의 전력이 만만치 않다는 사실을 깨달은 히타이트인들은 무력으로 이집트를 정복하겠다는 생각을 버리고, 이집트와의 평화 공존을 채택한다. 무와탈리스의 뒤를 이어 히타이트의 왕이 된 하투실리스 3세(무와탈리스의 동생)는 람세스 2세에게 자신의 딸을 보내 왕비로 삼게 함으로써, 이집트와 오랜 평화를 유지했다.

수수께끼 해양민들의 침략

∷

평화를 누리고 있던 히타이트는 기원전 1200년 무렵, 뜻하지 않은 사건에 휘말려 갑작스럽게 멸망하고 만다. 대체 무엇 때문이었을까?

세계의 고고학자들이 각종 점토판과 비석을 해독한 결과, 놀라운 사실이 드러났다. 지금의 크레타와 그리스 남부에서 엄청난 수의 이주민들이 배를 타고 히타이트와 이집트, 리비아 등 중동 일대를 대규모로 침략해 왔던 것이다.

'해양민Sea People'이라 불리는 이 이주민들이 왜 집단 이주를 했는지에 대해서는 아직 정확한 이유가 밝혀지지 않았지만, 가장 유력한 견해는 당시 그리스 북부 백인계 유목민인 아리안족(도리안)의 침입을 받은 그리스와 크레타의 선주민들이 살 곳을 찾기 위해 동쪽 바다로 배를 타고 이주해 왔다는 것이다. 이들 해양민의 등장은 순식간에 중동의 판세를 바꿔 버렸다. 히타이트의 마지막 왕인 수필룰리우마 2세는 서쪽 해안에서 갑자기 상륙해 온 해양민들의 공격에 맞서 혼신의 힘을 다해 저항했으나, 메뚜기 떼처럼 끝없이 몰려오는 적들을 막지 못했다. 히타이트 왕국의 수도인 하투샤는 함락되어 철저히 파괴되었고, 비장의 기술인 철기 제조법도 빼앗기고 말았다. 이리하여 1190년, 히타이트 왕국은 그 찬란한 역사에 종지부를 찍게 된다.

한편, 히타이트인들로부터 철기 제조 기술을 알아낸 해양민들 중 일부는 현재 이스라엘이 있는 팔레스타인으로 진격하여 수백 년 동안 이스라엘인들을 지배하며 위세를 떨쳤다. 구약성경에서는 이들을 블레셋인이라고 불렀는데, 사실 팔레스타인이라는 말도 '블레셋(필레스틴)인들이 사는 땅'이라는 뜻에서 붙여진 이름이다.

블레셋인들은 히타이트로부터 얻어 낸 우수한 철기 무기로 한동안 이스라엘을 억압했으나, 이스라엘의 뛰어난 지도자인 다윗왕은 블레셋인과 그들에 끌려왔던 히타이트인 용병들로부터 철기 무기 제조 기술을 알아내고 이스라엘 군대를 철제 무기로 무장시켜 끝내 블레셋인들을 제압하는 데 성공했다. 히타이트의 철기 제조법은 이스라엘을 억압했다가 나중에는 도와준 셈이다. 이렇게 히타이트의 유산은 인류 문명과 역사의 흐름에 중대한 영향을 끼쳤다.

로마는 자그마치 2000년 동안 서양 최강대국으로 군림하면서 오늘날까지 이어지는 서구 문명의 기틀을 다졌다. 그러나 처음부터 로마가 강대국인 것은 아니었다. 본래 로마는 기원전 7세기 무렵, 이탈리아 반도에 할거한 수많은 부족들 중 하나에 불과했다. 그들은 잠시나마 이탈리아 북서부의 에트루리아인Etruscan들에게 지배를 받으며 살기도 했다.

에트루리아인

로마에게 문명을
전해준 선구자

로마를 지배한 수수께끼의 민족
::

에트루리아인들이 처음 어디에서 모여 살기 시작했는지는 확실히 밝혀지지 않았다. 고대 그리스의 역사가 헤로도토스는 자신의 책《역사》에서 에트루리아인들은 원래 지금의 터키인 소아시아 반도 서부 지역의 리디아에 살다가 이탈리아 반도로 이동했다고 기록했다. 하지만 로마 황제 아우구스투스 시절에 활동한 역사가 디오니시우스는 에트루리아인들이 원래부터 이탈리아 반도에 살았다고 주장했다. 서로 엇갈리는 주장들이니, 무엇이 진실인지 알 수 없다.

기원전 7세기 중엽, 에트루리아인들은 이탈리아 중부인 토스카나에 뿌리를 내렸으며, 사방으로 서서히 영토를 확대하기 시작했다. 그들은 테베레 강 이남으로는 더 이상 뻗어나가지 못했는데, 움브리아족에게 저지당했기 때문이었다. 반면, 북쪽으로는 에트루리아인들의 힘에 저항할 집단이 없어서, 포 강 유역까지 파죽지세로 점령해 나갔다.

그러다 기원전 7세기 초가 되자, 에트루리아인들은 다시 남쪽으로 진출하여 아직 미약한 작은 도시국가였던 로마를 지배하기 시작했다.

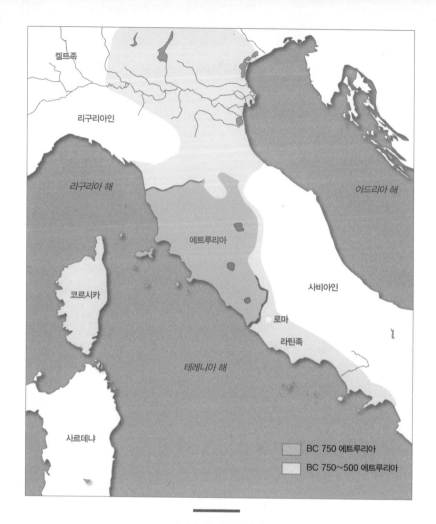

켈트족

리구리아인

리구리아 해

에트루리아

아드리아 해

코르시카

사비아인

로마

라틴족

테레니아 해

사르데냐

☐ BC 750 에트루리아
☐ BC 750~500 에트루리아

BC 8세기, 에트루리아의 영토.

기원전 550년, 에트루리아 출신의 부유한 상인인 타르퀴니우스는 로마로 이주하여, 선거를 통해 로마를 다스리는 왕위에 올랐다. 그리고 507년까지 로마는 에트루리아 출신 왕들의 지배를 받았다.《로마인 이야기》를 쓴 시오노 나나미는 이 사실을 얼버무렸지만, 대부분의 서구 학자들은 초기 로마가 에트루리아의 통치를 받고 있었음을 솔직히 인정하고 있다.

기원전 6세기, 에트루리아인들은 최대의 절정기를 맞았다. 그들의 영토 내에는 12개의 도시들이 들어섰고 이탈리아 반도 내에 그들의 종주권을 인정하는 도시국가가 50여 개나 될 정도였다.

에트루리아인들은 육지뿐 아니라 바다로의 진출에도 매우 적극적이었다. 그들은 오늘날 튀니지를 지배했던 페니키아인들의 후손인 카르타고와 동맹을 맺고 그리스에 맞섰다. 그리고 기원전 540년, 에트루리아와 카르타고의 연합 함대는 그리스 해군과의 전투에서 대승을 거두고 지중해의 제해권을 장악했다.

그리스 신화에 포도주의 신 디오니소스가 '펠라스기'라고 불리는 해적들에게 납치되었다는 이야기가 나오는데, 펠라스기인들이 바로 에트루리아인이라는 주장도 있다. 기원전 1세기 무렵, 로마의 역사가였던 리비우스는 에트루리아인들이 바다를 지배했다고 말했다. 이는 에트루리아인들이 해적 행위와 해상무역으로 바다에서 강성한 세력을 떨쳤다는 뜻이다. 이처럼 에트루리아인들과 적대 관계에서 충돌할 수밖에 없었기에 그리스인들은 신화 속에서 그들을 해적으로 묘사한 것인지도 모른다.

에트루리아의 무역선단은 서쪽으로는 이베리아 반도(스페인), 동쪽으로는 이집트까지 진출할 정도로 지중해를 주름잡았다. 뿐만 아니라 중계무역을 통해 멀리 브리타니아(영국)에서 귀중한 자원인 주석을 수입해 오기도 했다.

에트루리아는 왕, 귀족, 농민 등으로 나뉘어 있던 엄격한 신분 사회였다. 왕은 강력한 권력을 가졌으며, 귀족은 왕에게 복종하는 대신 농민을 지배할 수 있었다. 농민은 형식적으로는 자유인이었으나, 왕과 귀족의 명령에 복종해야 하는 신세였다.

로마에 남겨진 에트루리아의 흔적
::

에트루리아의 로마 지배 기간은 짧았으나, 그들이 로마에 미친 영향은 결코 적지 않았다. 로마 문화의 상당 부분은 바로 에트루리아인들에게서 비롯되었다고 할 수 있다.

로마를 대표하는 오락거리라면 사람들은 흔히 서로 무기를 들고 싸우는 검투사들을 떠올린다. 그런데 이 검투사 경기는 원래 에트루리아인들이 즐기던 놀이였다. 에트루리아인들은 장례식을 치를 때, 노예들에게 칼을 들고 서로 싸우도록 했다. 그것은 죽은 사람의 영혼을 애도하고, 그를 위험으로부터 안전하게 지켜 준다는 상징적인 의미의 관습이었다. 또한 짐승의 내장을 꺼내 점을 치는 풍습도 에트루리아인들이 로마인들에게 가르쳐 준 것이며, 네 마리의 말들이 경주장에서 전차

에트루리아인들이 만든 도시와
성벽의 흔적.

BC 700~650년 사이에 만들어진 에트루리아의
황금 장식물. 신분이 높은 왕족이나 귀족의 장신구
로 쓰였을 것으로 추정된다. 장식판의 중앙에 묘사
된 스와스티카-하켄크로이츠 문장이 인상적이다.
이 스와스티카 문장은 인도·유럽어 계통의 유목민,
아리안족들이 행운의 상징으로 여기던 것이었는데,
히틀러가 나치의 상징으로 차용했다.

를 끄는 전차 경주 역시 에트루리아인들의 놀이를 보고 로마인들이 모방한 것이었다. 로마 군대가 전쟁터에서의 승리를 축하하기 위해 전리품을 들고 진행했던 개선식도 에트루리아인들이 남긴 산물이었다. 아울러 도시에 물을 공급하는 배수로와 신들을 섬기는 신전, 시민들이 모여 각종 토론을 했던 광장 등 공공 구조물도 에트루리아가 로마에 남긴 흔적이다. 특히 로마인들이 가장 중요하게 섬겼던 신들인 유피테르와 주노, 미네르바를 모신 신전들은 에트루리아가 로마에 만들었던 건물이었다.

에트루리아는 로마인들에게 자신들의 전술과 군대도 전수해 주었다. 비록 그리스와 싸웠으나, 에트루리아는 그리스 방식의 군대와 전술을 사용했다. 그것은 말꼬리 털로 장식한 투구와 청동으로 만든 갑옷 및 방패를 착용한 보병이 창을 쥐고, 동료들과 밀착한 밀집 방진을 형성하며 싸우는 방식이었다. 기원전 390년, 켈트족과의 전투에서 패배할 때까지 로마인들은 에트루리아인들이 가르쳐 준 그리스 방식의 전술을 계속 사용했다.

배타적 신분제 사회
::

에트루리아의 쇠퇴를 알린 사건은 바로 로마의 독립이었다. 기원전 510년, 로마에서 에트루리아 출신 왕들의 지배에 반기를 드는 사건이 벌어졌다. 3년 동안의 저항 끝에 로마인들은 에트루리아 왕들을 몰아내고, 앞으로 두 번 다시 왕의 지배를 받지 않는 공화정을 택하겠다고 다짐했다. 이때 봉기를 주도한 지도자가 브루투스였는데, 그의 먼 후손이 훗날 카이사르를 암살하는 브루투스다. 폭군으로부터 로마의 자유를 되찾기 위해 봉기를 일으켰던 조상의 피가 브루투스로 하여금 자신의 친구였던 카이사르를 죽이게 만들었던 것일까?

로마에서 쫓겨난 에트루리아인들은 점차 그들과의 경쟁에서 밀려나기 시작했다. 로마인들의 힘이 갑자기 강력해진 탓만은 아니었다. 에트루리아의 신분 구조 때문이었다. 앞서 말했듯이 에트루리아는 엄격한 신분제 사회였는데 인구의 대부분을 차지하는 농민들은 귀족들의 수탈에 시달려 날이 갈수록 가난해졌다. 고대 사회에서 병사들은 자신들의 돈으로 무기와 장비를 마련해야 했는데, 가난한 사람들은 좋은 장비를 살 돈이 없어서 무장 상태가 열악할 수밖에 없었다. 따라서 에트루리아는 로마와의 전투에서 갈수록 불리해졌다.

물론 로마 역시 신분 사회이기는 마찬가지였다. 그러나 로마는 귀족의 횡포에 맞서, 평민(농민)의 권리를 지키는 직책인 호민관 제도가 기원전 5세기 말부터 시행되고 있었다. 따라서 로마 사회는 에트루리아보다 훨씬 통합적이었으며, 평민들은 자신들의 권리를 보장받고 전쟁터에서 열심히 싸웠다.

로마와 전쟁 중이던 기원전 396년, 에트루리아의 대도시인 베이, 네페트, 카페나 등이 로마에 함락되었다. 특히 에트루리아에서 최대의

에트루리아의 남성과 여성 무용수를 묘사한 벽화.

도시인 베이가 로마에게 넘어간 사건은 에트루리아가 이제 본격적으로 쇠퇴의 길로 들어섰음을 보여 준 신호였다.

남쪽의 로마인들에게 얻어맞던 에트루리아인들은 엎친 데 덮친 격으로 같은 해, 지금의 프랑스인 갈리아에서 쳐들어 온 켈트족의 침략을 당했다. 둔중한 그리스 방식의 밀집 보병 전술만 고집하던 에트루리아인들은 날렵한 기동성을 가진 켈트족의 돌격에 도저히 저항하지 못하고 속수무책으로 무너졌다.

에트루리아를 침략한 켈트족은 파죽지세로 로마까지 쳐들어가 약 7개월 동안 로마를 점령하고 마음껏 약탈과 살육을 저지르다 로마인들에게 1000파운드의 금을 뜯어내고 북쪽으로 철수했다. 이때 로마가 입은 피해는 실로 막대한 것이었다.

그러나 같은 켈트족의 침입을 당한 처지라도 에트루리아가 당한 피해는 더 심각했다. 로마인들은 켈트족에게 굴욕을 당하고 나서 사회 통합에 더 박차를 가했다. 돈을 갚을 수 없는 채무자들이 진 부채를 모두 탕감해 주고, 평민들도 귀족들과 똑같이 공직에 나갈 수 있게 했다. 그리하여 로마의 평민들은 더욱더 조국에 충성하면서 전쟁터에서 공적을 따내기 위해 열정적으로 전쟁에 참여하게 되었다.

로마의 팽창에 위협을 느낀 에트루리아인들은 한때 그들을 공격했던 켈트족과 손을 잡고 로마에 맞서려 했다. 그러나 기원전 281년, 바디몬 호수에서 벌어진 전투에서 에트루리아와 켈트족 동맹군은 로마군에게 참패했다.

현대에 들어와서 복원한
에트루리아의 사원.

바디몬 호수 전투의 패배는 에트루리아의 종말을 의미했다. 패전에 충격을 받은 에트루리아인들은 더 이상의 피해를 막기 위해 로마의 속국이 되었다. 한때 로마를 지배했던 에트루리아인들이 이제는 거꾸로 로마의 지배를 받게 된 것이니, 참으로 굴욕적인 일이 아닐 수 없었다.

그러던 기원전 90년, 에트루리아인들은 로마 시민권을 부여받고 로마 시민의 대열에 합류하게 되었다. 이리하여 에트루리아는 로마에 완전히 흡수되었다. 로마 시민이 된 에트루리아인들은 그들의 고유 언어를 버리고 로마의 언어인 라틴어를 받아들여야 했다. 이로 인해 에트루리아의 언어는 완전히 사라졌으며, 오늘날까지도 그들의 언어는 알려지지 않았다. 많은 학자들이 연구에 도전하고 있으나, 에트루리아어는 라틴어나 그리스어와도 전혀 다른, 낯설고 새로운 언어이기 때문이라고 한다.

그러나 비록 에트루리아가 로마에 흡수되어 소멸했다고 해도, 그들이 로마에 남긴 문화적 흔적은 무시할 수 없다. 검투사 경기와 대형

신전, 배수로 건설, 개선식 등 에트루리아가 로마에 전수한 문화들은 2000년이라는 세월을 뛰어넘어 아직까지도 그 흔적을 찾을 수 있다. 어쩌면 에트루리아 문명은 로마라는 껍데기 속에서 여전히 살아 숨 쉬고 있는 것이 아닐까?

프랑스 만화《아스테릭스》시리즈는 전 세계에서 1억 부가 팔린 유명한 만화이다. 이 만화는 고대 로마 시대를 무대로 로마군에 맞서 싸우는 갈리아인의 영웅 아스테릭스와 오벨릭스를 주인공으로 내세운 작품이다.《아스테릭스》에 언급되는 갈리아인이 바로 고대 유럽을 지배했던 용맹한 전사 켈트족Celts의 일파이다.

켈트족

고대 유럽을
휩쓴 전사들

푸른 눈동자의 거인

::

켈트족은 인도·유럽어족에 속하며, 짧은 목과 높은 코, 움푹 들어간 눈과 큰 체격을 지닌 백인계 민족이다. 그리스와 로마 작가들은 켈트족을 키가 크고 금색 머리카락과 푸른 눈동자(아주 드물게는 보라색 눈동자)를 가진 거인으로 묘사했다.

그렇다면 켈트족은 어디에서 유래한 집단일까?

일부에서는 그들의 원래 고향이 남부 독일이나 우크라이나라고 주장하기도 하지만, 언어학적으로 인도·유럽어족(아리안족)의 일파에 속한다는 점으로 미루어 볼 때, 중앙아시아에서 말을 타고 유럽으로 이동해 왔다는 주장이 더 신빙성이 있다.

역사에 켈트족의 이름이 처음 언급된 시기는 기원전 730년으로 오스트리아에서 온 '켈토이'라는 무역 상인들을 만났다는 그리스인들의 기록이 남아 있다. 그리스인들이 기록한 '켈토이'가 바로 켈트족을 가리키는 말이다.

겨울이면 열리는 '저승의 문'
::

켈트족은 그들만의 문자나 기록을 남기지 않았기 때문에 그들이 정확히 어떤 형태의 종교를 믿었고, 어떻게 현세와 사후 세계를 인식했는지는 파악할 수 없다.(단, 아일랜드에 살던 켈트족들은 오검 문자를 만들기는 했다. 그러나 이 오검 문자는 주로 비문 같은 짧은 글을 남길 때만 이용할 수 있었고, 많은 양의 정보를 기록할 수는 없었다. 켈트족은 지식을 문자로 남기기보다 외워서 전하는 쪽을 더 선호했다.) 다만, 그들과 접촉했던 로마인들이 남긴 기록을 토대로 추정할 뿐이다.

켈트족의 신앙은 그들의 문화가 가장 오랫동안 보존된 아일랜드의 고전 문학에서 그 흔적을 찾아볼 수 있다. 아일랜드의 켈트족들은 주로 바다의 신 리르, 힘과 시의 신 오그미우스, 태양의 신 루그, 지하 세계의 신 돈, 죽음의 신 케르눈노스, 대지의 신 수켈루스, 피와 전쟁의 신 테우타테스, 천둥의 신 타라니스 등을 섬겼다. 이 신들의 이름은 브리튼brit-ain(지금의 영국을 고대 그리스와 로마인들이 부르던 호칭)의 켈트족들이 숭배한 신들과 이름만 약간 다를 뿐 각각의 역할은 거의 동일하다.

켈트족은 순환적인 세계관을 가지고 있었는데, 그들은 지금 자신들이 살고 있는 이승과, 죽어서 가게 될 저승이 하나로 연결되어 있다고 믿었다. 하나의 영혼은 결코 죽지 않고 형태만 달리할 뿐 그 자체는 불멸이라고 생각했다. 그래서 죽은 사람은 저승에 갔다가 시간이 지나면 이승으로 돌아와 사람이나 동물로 다시 태어난다고 믿었다. 켈트족은 죽음을 편안하게 생각했는데, 그것은 사람이 죽으면 따뜻한 햇빛과 풍성한 음식이 넘쳐나는 행복한 저승으로 가서 편히 산다고 믿었기 때문이다.

할로원 축제의 상징인 '잭 오 랜턴'. 고대 켈트족들이 삼하인 축제 때, 사람의 두개골 안에 촛불을 넣던 풍습이 변형된 것이다.

오늘날까지 남아 있는 켈트 문화의 가장 큰 흔적은 바로 할로원 Halloween이다. 이 할로원은 켈트족이 벌이던 삼하인Samhain 축제가 변형된 것이다. 켈트족은 11월에서 3월까지 이어지는 겨울(삼하인) 기간에는 저승의 문이 열려 온갖 유령들이 이승을 자유롭게 돌아다닌다고 생각했다. 그래서 귀신들을 겁주어 쫓아 보내기 위해서 해골이나 순무를 사람 머리처럼 조각해서 그 안에 갈대 불을 밝혀 두는 풍습을 지켰는데, 켈트족의 후손인 아일랜드 이민자들이 미국으로 이주한 이후 순무를 구할 수 없게 되자, 호박을 해골처럼 조각하는 것으로 바뀐 것이다.

초기 로마 최대의 굴욕
::

기원전 500년 무렵, 켈트족은 그 세력이 최절정에 달했다. 현재의 영국,

아일랜드, 스페인 북부, 프랑스, 스위스, 오스트리아, 체코, 독일 남부 등 유럽의 많은 지역에 켈트족이 널리 분포하고 있었다.

이 과정에서 켈트족은 자신들을 지키기 위해 '오피둠'이라는 요새를 건설했다. 오피둠은 나무와 흙과 돌을 정교하게 쌓아서 만들었는데, 그 유적지들은 헝가리에서 영국에 이르기까지 유럽 전역에 널리 퍼져 있다.

그리고 기원전 400년에 들어서면서 켈트족은 무시무시한 전사가 되어 유럽과 지중해를 휩쓸기 시작했다. 갈리아에 살던 켈트족은 뛰어난 지도자 브렌누스의 지휘하에 풍요로운 땅으로 알려진 이탈리아 원정에 나섰다. 브렌누스는 먼저, 북부 이탈리아에 자리 잡고 있던 에트루리아인들을 공격했다.

396년, 브렌누스가 이끈 켈트족 전사들은 이탈리아 북부 도시인 멜품과 보노니아, 마르자보토, 펠시나 등을 연이어 점령했다. 계속되는 켈트족의 공세로 에트루리아인들은 큰 타격을 입었으며, 결국 남쪽의 로마인들에게 패배하여 그들에게 흡수당하고 말았다.

에트루리아인들을 쳐부순 켈트족은 더욱 세력을 뻗쳐 로마로 몰려 갔다. 기원전 390년(혹은 387년), 알리아 강 인근에서 벌어진 전투에서 켈트족은 역사상 처음으로 로마군과 맞섰다. 이 전투에서 로마군은 켈트족보다 두 배나 많은 2만4000명의 병력을 가지고 있었지만, 결과는 켈트족의 승리로 끝났다. 당시만 해도 무겁고 둔중한 그리스식 전술로 싸웠던 로마인들은, 크고 긴 검을 휘두르며 난폭하게 달려드는 켈트족

켈트족의 팽창을 나타낸 지도.

 의 무시무시한 모습에 겁을 먹고 달아나 버렸던 것이다.

　로마군을 격파한 켈트족은 그대로 로마로 달려가 도시를 함락시키고 7개월 동안이나 로마에 머물면서 마음껏 약탈과 방화를 일삼았다. 켈트족 병사들은 카피톨리누스 언덕의 유노 사원으로 대피한 로마인들도 모조리 죽이려 했으나, 로마인들이 끈질기게 저항하는 바람에

로마를 약탈하는 브렌누스.(폴 자민, 1893년)

실패했다.

만약 켈트족이 유노 사원으로 들어가 생존한 로마인들마저 학살했다면, 이후 로마의 찬란한 역사도 없었을 것이다. 그러나 켈트족은 결국 로마에서 물러났다. 도시에 너무 오래 머무는 동안 전염병이 널리 퍼져 죽거나 병든 병사들이 늘어났고, 그로 인해 더는 로마에 머물 수 없었던 것이다.

그런데 브렌누스는 로마에서 철수하는 조건으로 로마인들에게 황금 1000파운드를 요구했다. 로마인들은 있는 대로 금을 긁어모아 켈트족에게 주었다. 하지만 켈트족은 저울의 눈금을 조작해서 약속된 양보다 더 많은 금을 받아 냈다. 이 사실을 안 로마인들이 항의하자 브렌누스는 자신의 검마저 저울 위에 올려놓으며 이렇게 비웃었다.

"정복당한 자에게는 재앙만이 있다Vae victis!"

금을 받은 브렌누스와 켈트족 전사들은 약속대로 로마에서 물러갔다. 그러나 로마인들은 자신들이 겪었던 고통과 수모를 결코 잊지 않았다. 로마인들은 자신들의 군제를 방어보다 기동성에 주안을 둔 방식으로 대폭 개편했다. 장창을 쥐고 늘어선 그리스 방식의 밀집 창병 진형이 아니라, 창을 던지고 방패로 적의 공격을 막으면서 단검으로 적을 가까이에서 공격하는 레기온(군단병)의 형태로 바꾼 것이다.

한참 뒤인 서기 410년, 고트족이 로마를 함락시키기 전까지 약 800년 동안 로마를 함락시킨 민족은 켈트족 이외에 없었다. 그만큼 켈트족은 초기 로마인들에게 두려움의 대상이었다.

고대 서양 세계를 뒤흔든
켈트 용병들
::

한편 로마가 켈트족에게 함락되어 온갖 굴욕을 당한 지 약 55년 후, 마케도니아의 알렉산드로스 대왕은 낯선 이방인들과 만나 동맹을 맺었다. 그들은 지금의 루마니아 등지에 살고 있던 켈트족이었다. 장차 그리스를 통합하고 페르시아 제국을 정복하는 불멸의 위업을 달성하게 될 알렉산드로스 대왕은 켈트족 지도자에게 "당신들은 무엇이 가장 두려운가?"라고 물었다. 이때, 이름이 알려지지 않은 켈트족 지도자는 "우리는 하늘이 무너져 내리는 것 말고는 아무것도 두렵지 않다!"라고 의기양양하게 대답해 대왕을 놀라게 만들었다고 한다.

이것은 좀 후대의 기록이지만, 켈트족 전사들은 자신들이 죽인 적의 목을 버리지 않고 집으로 가져와 삼나무 기름을 발라 나무 통 속에 넣어 보관했으며, 집에 손님이 찾아오면 이것을 자랑스럽게 보여 주었다고 한다. 또한 그렇게 해서 만들어진 해골을 집 난간에 올려놓고, 그 안에 촛불을 꽂아 밤을 밝히는 전등으로 사용하기도 했다. 다소 과장이 섞여 있기는 해도 고대 그리스나 로마인들의 눈에 켈트족이 얼마나 사납고 무서운 전사들로 비추어졌는지 짐작할 수 있다.

알렉산드로스 대왕과의 회담을 마친 지 약 50년 뒤인 기원전 279년, 수천 명의 켈트족 전사들이 다뉴브 강을 건너 마케도니아를 침공했다. 그런데 이때 켈트 전사들을 이끌던 지도자의 이름도 브렌누스였다.

기원전 390년에 로마를 침략했던 그 브렌누스와는 동명이인이다. 알렉산드로스 대왕 사후, 왕위를 놓고 여러 차례의 내전을 겪으며 국력이 약화된 마케도니아 왕국은 켈트족의 공격에 제대로 대응할 수 없었다. 켈트족은 마케도니아의 군대를 격파하고 그들의 왕인 케라우노스를 죽였으며, 승리의 여세를 몰아 남쪽인 그리스로 향했다.

하지만 거침없이 남하하던 켈트족은 테르모필라이 협곡에서 그리스인들의 저항에 부딪쳐 고전을 했다. 그러다 인근의 그리스인 주민들이 협곡의 뒤로 돌아가는 샛길을 가르쳐 주어 상황을 급반전시킬 수 있었다. 샛길을 따라 그리스인들의 뒤를 공격한 켈트족은 당황하는 적을 압도했고, 놀란 그리스인들은 황급히 달아났다. 테르모필라이 전투에서 승리한 켈트족은 파르나소스 계곡을 따라 그리스에서 가장 크고 부유한 델포이 신전으로 진군했다. 신전을 지키던 사제와 그리스인 병사들은 모두 목숨을 잃었고, 켈트족은 신전에 보관된 금은보화들을 마음껏 약탈했다.

델포이 신전을 약탈한 켈트족은 동쪽인 마케도니아의 변경 지대로 향했다가, 마케도니아군의 매복에 걸려 큰 피해를 입었다. 뜻하지 않은 패배를 겪은 켈트족 중 일부는 그들이 왔던 서쪽으로 돌아가지 않고 더 동쪽으로 가 바다 건너 오늘날의 터키인 소아시아로 향했다. 마케도니아군에게 퇴로가 막혀 고향으로 돌아갈 수 없게 되자 궁여지책으로 내린 결론이었다.

새로운 땅에 발을 디딘 켈트족은 소아시아의 중부 지역에 갈라티아라 불리는 자신들의 왕국을 세웠다. 이 나라는 약 250년 동안 존속하며 뛰어난 기병대로 명성을 떨쳤다.

이 무렵 지중해 세계는 알렉산드로스 대왕 사후 분열된 왕국들의 전쟁으로 몸살을 앓고 있었다. 그중에서 시리아를 중심으로 한 셀레우코스 제국과 이집트를 지배하던 프톨레마이오스 왕조 간의 전쟁이 가장 치열했다. 두 나라 간의 전쟁 소식이 지중해 세계에 널리 퍼지자 이 정보를 접한 수많은 켈트족들은 용병이 되어 금화를 얻기 위해 시리아와 이집트를 찾았다.

셀레우코스 제국과 프톨레마이오스 왕국의 용병으로 복무한 켈트족들은 기원전 217년, 라피아 전투에서 동족들끼리 죽고 죽이는 상황을 맞기도 했다. 전투 결과는 프톨레마이오스 왕국의 승리로 끝났는데, 프톨레마이오스 왕국에 소속된 수천 명의 켈트족 기병들이 셀레우코스군을 유린하여 전황에 큰 영향을 끼쳤다고 한다.

공교롭게도 라피아 전투와 같은 무렵인 기원전 217년, 이탈리아 북부의 호수 트라메시노에서는 카르타고의 명장 한니발이 이끄는 카르타고군에 포함된 켈트족 용병들이 로마군을 상대로 용맹을 떨치고 있었다. 서부 지중해의 패권을 놓고 격돌한 1차 포에니 전쟁에서 로마에게 아깝게 패해 고배를 맛본 카르타고는 복수의 칼을 갈고 있었고, 그 선두에 한니발이 나서서 로마를 상대로 도전장을 던진 것이었다.

지금의 스페인 남부에서 8만의 대군을 이끌고 출정한 한니발은 갈리아 남부를 지나 알프스 산맥을 넘게 되었는데, 기원전 225년의 텔라

몬 전투에서 로마군에게 패하고 고향에서 쫓겨나 있던 켈트족들이 카르타고군에 대거 가담했다. 그렇게 성립된 카르타고와 켈트족의 동맹은 기원전 216년의 칸나에 전투에서 빛을 발한다. 이 격전에서 로마군은 치명적인 대패를 당했고, 이때 한니발이 거느리고 있던 켈트족 기병들은 로마군을 우회하여 후방을 찌르는 포위 공격에 한몫을 담당했다.

서로 싸우는 켈트족 전사들.
(H. R. 밀러, 1905)

하지만 로마의 지구전과 보급로 차단으로 한니발은 끝내 이탈리아에서 철수했고, 기원전 202년 카르타고 남서부 자마에서 벌어진 결정적인 전투에서 로마에게 참패하고 만다. 그리고 3차 포에니 전쟁에서 카르타고는 마침내 멸망했다. 서부 지중해에서 유일하게 로마를 견제할 수 있던 카르타고가 사라짐으로 인해 로마의 독주를 막을 세력은 사실상 사라지게 되었다.

로마와 게르만족에게
정복당하는 켈트족
::

기원전 2세기, 이탈리아 북부의 켈트족은 로마군에게 패배하고 항복했다. 그리고 기원전 60년, 율리우스 카이사르는 갈리아 정복을 목표로 로마 군단을 이끌고 북상에 나섰다. 당황한 켈트족은 사력을 다해 싸웠지만, 엄격한 군기와 뛰어난 전술 체계를 갖춘 로마군의 상대가 되지 못했다. 갈리아의 모든 켈트족들을 연합하여 카이사르와 맞서려 했던 용감한 지도자인 베르킨게토릭스도 기원전 52년, 마침내 알레시아에서 카이사르에게 항복하고 말았다.

한때 로마군을 격파하고 로마를 7개월 동안이나 점령했던 켈트족 전사들이 왜 로마군에 속수무책으로 무너졌을까?

그동안 로마군의 전략 및 전술이 진보한 데 반해 켈트족의 전법은 그대로 정체된 상태였다. 전투 초반, 켈트족 전사들의 돌격에 당황했던 로마군은 켈트족을 향해 무거운 투창인 필룸을 던져 공세를 저지하는 방법을 채택했다.

필룸은 적의 방패에 꽂혀 방패를 못 쓰게 만드는 효과도 있었지만, 사람이나 말에 꽂혀도 치명적인 부상을 입힐 수 있었다. 귀족들로 구성된 기병들을 제외하면 대부분 보병이었던 켈트족 전사들은 변변한 갑옷도 걸치지 않은 맨몸 상태여서 초전부터 로마군의 투창에 상당한 피해를 입었다.

투창의 세례를 용케 벗어나 로마군의 대열과 맞닥뜨린다고 해도 여전히 문제는 남아 있었다. 켈트족 전사들은 단순히 초반 돌격에만 의존했지만, 견고한 방패와 밀집 대형으로 맞서는 로마군의 방어진을 좀처럼 뚫지 못했다. 더구나 시간이 흘러 치열한 백병전이 전개되면 켈트 전사들이 휘두르는 장검은 좁은 공간에서 쓰기 불편했던 반면, 로마군이 가진 단검인 글라디우스는 찌르는 용도로 쓰였기 때문에 더 효율적인 공격이 가능했다.

갈리아가 로마에게 정복당하자 스페인의 켈트족도 로마의 지배에 들어가게 되었다. 기원전 28년, 카이사르의 양아들이자 로마제국의 초대 황제인 아우구스투스는 그 자신이 직접 참전하여 10년에 걸친 전쟁을 치른 끝에, 스페인의 켈트족을 굴복시키는 데 성공했다. 3년 후에는 스위스에 살고 있던 켈트족과 소아시아의 켈트계 왕국인 갈라티아도 로마의 영토로 편입되었다.

그리고 서기 43년, 로마제국은 지금의 영국 해협을 건너 브리튼의 켈트족까지 정복하려 나섰다. 41년 후인 84년에는 북부 스코틀랜드를 제외한 브리튼 섬 전체가 로마군에게 정복당해 로마제국의 영토로 편입되었다.

서기 2세기로 접어들자 중부 유럽의 켈트족도 무사하지 못했다. 오

카이사르에게 항복하는 베르킨게토릭스.
(라이오넬 로엘, 1899)

늘날의 루마니아인 다키아에 살던 켈트족은 서기 106년, 로마 황제 트라야누스가 이끈 로마군에게 대량 학살을 당했고, 살아남은 자들은 북쪽으로 쫓겨났다. 그리고 같은 시기에 오스트리아와 체코, 헝가리의 켈트족들은 게르만족에게 정복당하거나 흡수되어 사라졌다.

2세기 이후, 유럽에서 켈트족의 자취는 스코틀랜드와 아일랜드, 웨일즈 서부 등 극소수 지역으로 국한되었다. 그리고 432년, 웨일즈 태생의 수도사 성 패트리키우스는 아일랜드에 선교를 와서 켈트족을 기독교로 개종시켰다. 덕분에 지금까지 패트리키우스는 아일랜드의 수호성자로 추앙받고 있다. 오늘날 미국에서 벌어지는 '성 패트릭 데이'도 바로 패트리키우스를 기념하는 축제일이다.

켈트족의 영웅 아서왕
::

서기 410년, 브리튼에 주둔하던 로마군이 본국의 불안정한 상황 때문에 철수하자, 그 틈을 타 게르만족인 앵글족과 색슨족들이 브리튼에 쳐들어 왔다.(오늘날 영국 연방의 하나인 잉글랜드, 영국 국민의 중심을 이루는 민족인 앵글로색슨족도 브리튼에 정착하여 영어를 퍼뜨린 집단인 앵글족과 색슨족에서 유래했다.) 이때 앵글족과 색슨족을 맞아 켈트의 고향인 브리튼을 지키기 위해 가장 용감하게 싸운 인물이 바로 전설의 영웅 아서왕이다.

아서왕의 이름은 서기 7세기 브리튼의 연대기 작가이자 수도사인 네니우스의 기록에 처음 언급된다. 네니우스가 남긴 연대기에 따르면, 아서왕은 켈트족 기병들을 이끌고 브리튼에 끊임없이 상륙하는 앵글족과 색슨족의 침략을 격퇴했다고 한다.

아서왕은 493년, 바돈 언덕에서 색슨족을 상대로 큰 승리를 거두었다. 네니우스는 아서왕이 바돈 언덕 전투에서 색슨족 960명을 죽였다고 기록했다. 이러한 아서왕의 용맹으로 인해, 그가 살아 있던 시절에는 앵글족과 색슨족이 브리튼에 대한 침략을 한동안 중단하기도 했다. 그러나 아서왕이 켈트족 내부에서 벌어진 권력 다툼으로 희생되자 다시 브리튼에 대한 앵글족과 색슨족의 침공이 개시되었고, 결국 켈트족은 브리튼을 침략자들에게 빼앗기고 말았다.

패배한 영웅에 대한 아쉬움은 브리튼 인구의 절대다수를 차지한 켈트족의 가슴속에 깊숙이 각인되었고, 색슨족과 바이킹, 노르만 등 이민족 침입자들이 브리튼을 정복해도 켈트족은 자신들의 영웅인 아서왕이 언젠가 살아 돌아오리라고 믿었다. 그리고 세월이 흐르면서 켈트족의 후손인 브리튼인과 아일랜드인들은 그들 고유의 언어조차 잊어버리고 정복자인 앵글로-색슨족의 말인 영어를 쓰게 되었지만, 그러면서도 아서왕을 기억하고 추앙했다. 서기 13세기가 되자 완전히 브리튼, 즉 영국인이 된 앵글로-색슨족과 노르만족들도 아서왕을 자신들의 영웅으로 숭상하면서, 아서왕은 모든 영국인들의 숭배를 받게 되었다.

아서왕을 주인공으로 다룬 영화와 소설들은 가히 그 수를 헤아리기 어려울 만큼 많다. 아서왕과 관련된 대중 예술 작품들은 대부분 영국과 미국에서 나오는데, 다분히 아서왕의 후손인 켈트족의 염원이 반영된 것이라고 할 수 있다.

켈트족은 한때 유럽의 대부분을 지배했을 정도로 용맹한 전사들이었다. 그러나 그들은 부족 연합 수준에 머물렀으며, 중앙집권적인 국가 체제로 통합되어 발전하지 못했다. 그 때문에 켈트족은 로마제국과 게르만족의 공격을 받고 그들에게 정복당하거나 동화되어 유럽의 지배권을 잃고 소멸되었던 것이다.

하지만 켈트족의 흔적은 서양 문명 곳곳에 스며들어 오늘날까지 이어져 오고 있다. 앞서 언급했듯이, 현재까지 계속되고 있는 미국의 할로윈 축제와 영국의 아서왕 전설은 모두 켈트족의 전통에서 비롯되었다. 또한 세계적으로 사랑받는 술인 위스키 역시, 스코틀랜드의 켈트족이 만든 증류주인 우이스게 비아타uisge beatha에서 유래한 것이다. 그리고 영국의 많은 도시 이름은 켈트족의 언어에서 비롯되었다. 한 예로 런던은 켈트족의 태양신인 '루그'를 섬기던 도시란 뜻이었다.

고대 세계에서 가장 강력하고 오래 지속된 제국인 로마는 서기 1세기경, 지중해를 지배하는 강대국으로 군림하고 있었다. 그런데 이렇게 막강한 로마제국에게 정복당하지 않고 맞서 싸워 끝까지 살아남은 이들이 있었다. 지금의 이란과 이라크를 지배했던 유목민, 파르티아인Parthians 들이었다.

파르티아인

로마제국의 팽창을
저지한 사막의 전사들

알렉산드로스 대왕의
후예들을 무너뜨리다
∷

우리에게 '파르티아'는 아직 낯선 이름이다. 역사 수업 시간에 '페르시아'란 이름은 많이 접해 봤으니 그 비슷한 민족이라고 생각할 수도 있고, 실제로 그 둘을 혼동하는 사람들도 적지 않다. 하지만 둘은 엄연히 다른 집단이다. 페르시아는 현재의 이란 남부인 '파르스' 지역에서 발흥했으며, 그 이름을 따 '페르시아'라고 불리게 되었다.

반면 파르티아인들은 백인 계통의 유목민인 스키타이족에서 갈라져 나온 '다하에족' 출신이며, 현재의 우즈베키스탄 지역에서 살다가 남쪽으로 내려와 파르티아 왕국을 세웠다. '다하에'는 고대 페르시아어로 '도적'이라는 뜻이다. 즉, 페르시아인들은 파르티아인들을 도적이라고 불렀다.

아케메네스 왕조가 다스리던 페르시아 제국 시절, 페르시아는 스키타이족과 적대적인 관계였다. 창업자인 키루스 대왕은 중앙아시아로 원정을 나갔다가 스키타이의 일파인 마사게타이족(사르마티아족이라는 주장도 있다.)과의 전투에서 전사했다. 페르시아의 다리우스 1세는 소아시아 반도에서 유럽으로 건너가 스키타이족의 근거지를 공격했으나, 그들의 유인 작전에 휘말려 많은 병력만 잃고 실패했다. 당시 페르시아는 세계 최강의 제국이었으나, 스키타이족과의 싸움에서 이기지 못한 것이다.

하지만 이후 스키타이의 일파인 파르티아는 페르시아에 복속되었고, 기원전 331년 가우가멜라 전투에서 페르시아를 도와 알렉산드로스 대왕이 이끄는 마케도니아군에 맞서 싸웠다.

기원전 330년, 마침내 페르시아의 수도인 페르세폴리스가 마케도니아군에게 함락되어 페르시아 제국은 멸망했고, 기원전 323년 알렉산드로스 대왕도 죽자 페르시아의 영토는 알렉산드로스의 부하 장군인 셀레우코스가 지배했다. 기원전 305년, 셀레우코스는 자신의 이름을 딴 셀레우코스 왕국을 세웠는데, 이 나라는 이집트를 제외한 옛 페르시아 제국의 대부분을 다스려, 알렉산드로스 대왕의 후계 국가들 중에서 가장 강성했다. 파르티아인들도 한동안은 셀레우코스 왕국에게 공물을 바치고 복속되었다.

셀레우코스 왕국이 성립하여 지배한 후로부터 60년의 시간이 지나자, 파르티아인들은 점차 쇠약해지는 셀레우코스 왕국에 반기를 들고, 국경 지역을 침략하며 노략질을 일삼기 시작했다. 셀레우코스 왕국은 대군을 보내 파르티아인들을 진압하려 했으나, 기원전 248년에 벌어진 전투에서 오히려 역습을 당하고 참패했다. 날렵한 기동력을 갖춘 파르티아인들에 비해 상대적으로 둔중한 그리스식 군대를 가진 셀레우코스 군대는 힘을 발휘하지 못했다.

셀레우코스 왕국에 맞서 싸운 파르티아인들의 지도자는 아르사케스였다. 그는 역사에 기록된 파르티아인들의 첫 번째 왕이었으며, 기원전 248년의 전투에서 승리한 이후, 비로소 파르티아 왕국을 세운다. 파르티아 왕국에서는 이후 줄곧 아르사케스의 가문이 왕위를 독점했고, 그래서 외국인들은 파르티아를 아르사케스 왕조라고도 불렀다. 중국 한나라에서 파르티아를 '안식安息'이라고 부른 것도, 아르사케스를 한자로 옮겨 적은 것에서 비롯되었다.

가난하고 미개하다고 깔봤던 파르티아인들에게 뜻밖의 일격을 맞은 셀레우코스 왕국은 대대적인 보복전을 감행하려 했으나, 전혀 예상치 못한 사건이 일어나 중단할 수밖에 없었다. 기원전 167년, 지금의 이스라엘인 유대 지방에서 셀레우코스의 그리스 신 숭배 강요에 분노한

파르티아의 창시자인 아르사케스 1세의 초상이 들어간 은화.

유대인들이 대규모 반란을 일으켰기 때문이었다. 셀레우코스 왕국의 왕인 안티오쿠스 4세는 기원전 166년, 4만6000명의 보병과 8500명의 기병, 306기의 전투 코끼리로 구성된 대군을 보내 유대인들의 반란을 진압하게 했다. 그러나 마카베오가 이끄는 5000명의 유대 저항군은 용감히 싸운 끝에 막강한 셀레우코스 군대를 격파했다. 그리고 5년 후인 기원전 161년, 마카베오는 셀레우코스 왕국을 물리치고 독립된 유대 왕국을 세웠다. 알렉산드로스 대왕의 후계자를 자처했던 셀레우코스 왕국은 당시 명실상부한 세계 최강대국이었는데, 보잘것없는 약소민족인 유대인들에게 패배했으니, 자연히 셀레우코스 왕국의 위상은 크게 추락했다.

기원전 144년, 파르티아의 국왕 미트라다테스 1세는 쇠약해져 가는 셀레우코스 제국을 집중적으로 공격하여 메소포타미아의 중심부인 바빌론을 빼앗았다. 그리고 기원전 141년에는 메디아를, 기원전 139년에는 페르시아 전역을 제국으로부터 빼앗았다. 그리고 기원전 129년에는 셀레우코스 제국의 창시자인 셀레우코스의 이름을 딴 도시이자 수도인 셀레우키아마저 점령해 버렸다. 쇠퇴 일로를 걷던 셀레우코스 왕국은 이집트와 폰투스, 아르메니아 같은 주변 국가들에게 영토를 점점 빼앗기다가 기원전 63년, 로마제국의 장군인 폼페이우스에게 멸망당하고 말았다.

셀레우코스 왕국의 몰락으로 인해, 이제 옛 페르시아 제국의 영토 대부분은 파르티아의 손에 들어갔다. 그리고 파르티아는 새로운 강대국인 로마와 약 300년 동안 중동의 패권을 놓고 대결하게 된다.

그런데 참으로 이상한 점이 있다. 마케도니아의 알렉산드로스 대왕은 불과 4만의 군대로 페르시아 제국을 넘어 인도까지 휩쓸었는데, 마케도니아보다 훨씬 강력했던 로마제국은 왜 지금의 이라크에서 더 이상 동쪽으로 진격하지 못했을까?

그 이유는 두 가지로 추정해 볼 수 있다. 우선, 마케도니아는 로마보다 국토가 좁았기에 다른 지역의 방위를 그만큼 덜 신경 썼고, 군사력을 더욱 집중할 수 있었다. 반면 로마는 마케도니아보다 훨씬 넓은 영토를 다스리고 있었다. 파르티아와 국경을 접하고 있는 동방 외에 게르만족과 대치하고 있는 북방도 신경을 쓰느라 군사력을 분산시켜야 했다. 따라서 마케도니아가 알렉산드로스 대왕을 중심으로 국력의 대부분을 페르시아 정복에 쏟는 것이 가능했던 반면, 로마는 파르티아 외에도 게르만족과 싸우느라 그럴 여력이 못 되었던 것이다.

그리고 페르시아는 마케도니아와의 무모한 결전에 휘말려 너무나 허무하게 멸망한 반면, 파르티아는 로마와 무리한 총력전을 벌이지 않고 게릴라전과 유격전으로 맞섰던 점도 또 하나의 이유다. 페르시아가 마케도니아군에게 몇 번의 참패를 겪고 수도가 함락당하자 바로 멸망했던 것에 반해, 파르티아는 로마에게 두 번이나 수도를 함락당했지만, 그 후로도 27년이나 존속했다. 이는 파르티아가 페르시아처럼 한 번에 국력을 다 소모하지 않았기 때문에 가능한 일이었다.

봉건제도와 자유로운 종교

::

파르티아는 중세 유럽보다 약 700년 앞서 봉건제도를 만들었다(기원전 13세기, 중국 주나라에서 가장 먼저 실시했다). 이 제도로 인해 파르티아의 수많은 지방 영주들은 각자 땅을 나눠 갖고, 자신이 다스리는 땅에서는 왕이라고 할 수 있을 정도로 독자적인 권한을 가질 수 있었다. 왕은 자신이 직접 다스리는 땅에서만 통치권을 행사할 수 있었다.

이런 이유로 파르티아의 군대는 전쟁이 벌어지면 각 지방 영주들

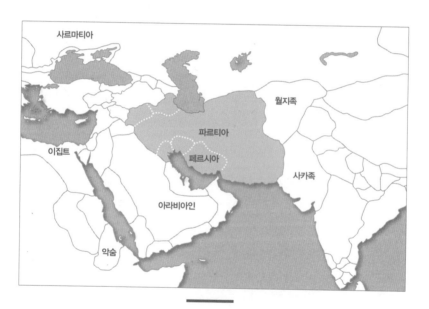

파르티아의 영토를 그린 지도. 파르티아는 오늘날의 이란과 이라크 지역 전체와 우즈베키스탄, 파키스탄 및 아프가니스탄 일부를 지배했다. 아울러 파르티아의 왕족들은 오랫동안 아르메니아를 다스리는 왕이 되었다.

이 자신이 거느린 군대를 이끌고 와서 싸우는 방식으로 편제되었다. 지금처럼 항상 군대가 전투 태세를 갖추고 있는 상비군이 아니었던 것이다. 그 때문에 파르티아는 예전의 아케메네스나 이후의 사산 왕조보다 영토 확장에 소극적이었고, 방어적인 태도로 일관할 수밖에 없었다. 왕의 권력이 약해 많은 군대를 보유할 수 없었고, 이미 가지고 있는 땅에 만족한 귀족들이 더 이상 영토를 넓히려 들지 않았기 때문이었다.

파르티아인들은 왕국을 세워 넓은 영토를 다스렸지만, 여전히 북방 초원에서처럼 이동식 천막 안에서 살았다. 끝까지 유목민의 관습을 버리지 못한 것이었다. 정작 파르티아의 도시들에는 파르티아에 복속된 그리스나 페르시아인들이 살았다. 그들은 파르티아인에게 세금을 바치고 병사를 보내는 일을 제외하면, 일상에 큰 제약을 받지 않았다.

파르티아인들의 종교는 매우 다양했다. 앞서 말한 것처럼 파르티아는 스키타이인들이 세운 나라였고, 그렇기 때문에 페르시아인들이 믿었던 조로아스터교는 그다지 영향력이 없었을 것이다. 파르티아는 딱히 국교를 정해 놓지 않았고, 백성들에게 특정 종교를 믿으라고 강요하지도 않았다. 그래서 파르티아의 백성들은 각자가 원하는 대로 그리스나 페르시아의 신들을 자유롭게 숭배했다. 인도와 인접한 지역에서는 불교나 브라만교를 믿는 백성들도 있었을 것이고, 그 밖에 중앙아시아와 가까운 곳에서는 유목민들이 믿던 하늘의 신을 섬기기도 했을 것이다.

초기 파르티아인들은 그들을 지배했던 셀레우코스 왕조의 영향을 받아 그리스 문화에 심취했다. 그러다가 나중에 가면, 그리스 문화 대신 페르시아 문화의 영향력이 강해져 파르티아인들도 페르시아 문화를 숭상했다.(하지만 페르시아인들은 여전히 파르티아인들을 이방인으로 여겼다.)

고대 세계의 탱크, 카타프락트 부대
::

파르티아는 유목민의 후손답게 기마병을 군대의 주력으로 삼았다. 파르티아 기병은 가볍게 무장하고 활을 쏘는 경기병과, 갑옷을 입은 말에 올라타서 역시 갑옷을 입고 긴 창을 쥔 채 돌격하는 중기병으로 나누어져 있었다.

파르티아의 경기병들은 털이 달린 가죽으로 만든 모자와 겉옷만 걸친 가벼운 차림으로 말을 타고, 활과 화살, 칼을 차고서 전장에 나섰다. 그들의 주요 무기는 화살이었고, 적과 일정한 거리를 유지한 채 멀리서 화살을 퍼붓는 전술로 싸웠다. 비록 몸에 칼을 차고 있기는 했지만, 적이 달아나 추격해야 하는 상황이 아니면 어지간해선 적과 직접 백병전을 벌이지 않았다. 몸에 걸친 보호구가 없어 육박전에 들어가면 위험하기 때문이었다.

파르티아 중기병은 카타프락트cataphracts라고 불렸는데, 웬만한 화살이나 창을 가지고는 상처도 낼 수 없을 만큼, 튼튼히 보호받아 고대 세계의 탱크라 불릴 만했다. 카타프락트가 얼마나 중무장을 했느냐 하면, 눈코입과 손가락만 빼놓고는 온몸을 완전히 금속 갑옷으로 가렸을 정도였다. 파르티아는 중세 유럽 기사들보다 거의 500년 앞서서 철기병을 보유했던 것이다.

'파르티아가 활동했던 중동은 뜨거운 햇볕이 내리쬐는 지역인데, 그런 곳에서 과연 온몸을 다 가린 철갑옷을 걸치고 싸울 수 있었을까?' 하는 의문이 생길 수도 있다. 하지만 중동은 더워도 습도는 높지 않다. 그래서 햇볕이 뜨거워도 그늘에 들어가 있으면 서늘하다고 한다. 마찬가지로 덥고 건조한 날씨에서는 맨살을 그대로 햇볕에 노출시키는 것보다는 가리는 편이 차라리 나았을 것이다.

파르티아 시대의
카타프락트를 복원한 사진.

카타프락트는 창을 허리에 끼고서 돌격하는 중세 기사들과는 달리, 두 손으로 창을 잡고 돌격했다. 아직 등자가 발명되기 전이어서 한 손으로의 돌격이 다소 어색했기 때문이었다. 물론 카타프락트가 감행하는 돌격의 위력은 대단했다. 로마 작가들조차 "그들의 돌격에 로마 병사 두 명이 한꺼번에 꿰뚫린다."라고 서술했을 정도였다.

이들과 자주 싸운 로마군도 깊은 인상을 받았던지, 서기 69년 로마의 베스파시아누스 황제 이후로 로마군은 카타프락트 병과를 받아들여

사자를 사냥하는 파르티아 카타프락트를 묘사한 부조.

계속 양성하고 유지했다.

　그러나 카타프락트는 결코 무적의 부대가 아니었다. 지나치게 중무장을 하다 보니 행동이 민첩하지 못했다. 물론 돌격을 할 때는 가속을 받아 빨랐지만 방향 전환이 느렸다. 그로 인해 한 번 돌격을 하고 나서는 적진에서 신속히 빠져나오기가 어려웠다. 이런 이유로 로마군은 카타프락트와 싸울 때, 병사들을 겹겹이 배치해 그들의 돌파를 저지한 다음, 에워싸서 기수를 말에서 끌어내렸다.

　또한 카타프락트라고 해서 모든 공격으로부터 안전한 것은 아니었다. 기수 이외에 말도 갑옷을 입었으나, 말이 입은 마갑은 앞이 트여 있었다. 말을 완전히 갑옷으로 둘러싸면 통풍이 안 되고 뜨거운 열기로 가득 차 말이 고통스러워하기 때문에, 일부러 통풍이 잘되도록 그렇게 한 것이다. 하지만 그 대신 카타프락트 병사가 탄 말의 배 부분은 갑옷으로 보호가 안 되었고, 그 때문에 로마군 보병들은 카타프락트의 밑으로 기어들어가 칼로 말의 배를 찔러 넘어뜨릴 수 있었다. 또한 말의 다리에도 보호구가 없어 로마군 보병들은 몽둥이를 가지고 있다가 카타프락트가 돌격해 오면 방패를 겹쳐 막아 낸 다음, 몽둥이를 휘둘러 말의 다리를 부러뜨리고 파르티아인 기수를 떨어뜨리기도 했다.

이 사실을 잘 알고 있던 파르티아의 장군들은 경기병과 중기병을 이끌고 전장에 나서면, 우선 경기병이 적진에 화살을 퍼부어 기세를 약화시키고 사기를 꺾은 다음, 적들의 전열이 흩어지고 사상자가 나오면 그때 중기병을 투입시켜 치명타를 가하는 방식으로 싸웠다. 중기병이 한 번 돌격한다고 곧바로 적진이 붕괴되는 것은 아니어서, 한 번 돌격을 감행하면 곧바로 중기병들을 빼내고 집결시킨 다음, 다시 돌격과 후퇴를 반복하다가 적진이 완전히 무너지면, 그때 전군을 투입해서 도망치는 적들을 쫓아가 철저히 소탕하는 식이었다.

다른 고대 국가들처럼 파르티아의 군대도 모든 장비나 무기는 병사 개인이 자신의 돈으로 구입해야 했다. 그래서 가난한 사람들은 장비가 부실한 경무장 병과에 편입되었고, 부유한 사람들은 훌륭한 장비를 갖춘 중무장 병과에 들어갔다. 따라서 파르티아의 경기병들은 주머니 사정이 부족한 소귀족이나 평민들이었고, 중기병들은 부유한 대귀족들로 구성되었다.

파르티아 군대에서 보병은 그다지 중요시되지 않았다. 왕국의 핵심 세력인 다하이족들은 조상인 스키타이족처럼 기병을 선호했기 때문이었다. 보병은 파르티아가 지배하고 있는 다른 민족들에게서 징발했는데, 훈련과 장비가 부족하여 전투력은 매우 낮았다. 이런 특성은 파르티아 이전의 아케메네스 왕조나 이후의 사산 왕조에서도 나타난다.

로마와의 기나긴 전쟁
::

파르티아는 기원전 53년, 지금의 이라크 북부 카레 평원에서 로마와 처음 싸우게 된다. 당시 로마군을 이끌던 사령관은 로마 제일의 대부호로 소문난 크라수스였다. 그는 유명한 노예 검투사 스파르타쿠스가 일으킨 노예 반란을 진압한 공적으로 카이사르, 폼페이우스와 더불어 로마를 지배하는 삼두정치의 일원이 되었다. 그런 그가 원정에 나선 이유는 부유한 나라라고 소문난 파르티아를 정복하여 자신의 재산을 늘리기 위해서였다.

하지만 크라수스가 이끄는 3만의 로마군은 절반도 안 되는 파르티아군에게 무참히 패했다. 파르티아의 명장인 수레나스는 낙타 1000마리에 화살을 가득 싣고 나가 경기병들에게 화살을 거의 무한대에 가깝게 공급해 주었고, 파르티아의 경기병들은 멀리서 안전하게 화살을 퍼부으며 로마군을 일방적으로 학살했다. 아울러 당시 로마군은 경기병들이 쏘아 대는 화살에 맞설 궁수나 투석병 같은 원거리 병과가 부족해 파르티아 기병들의 화살에 무기력하게 대처하다가 참패를 당하고 말았다.

패장인 크라수스 본인은 후퇴하다가 로마 병사들로 추정되는 자들에 의해 살해당했고, 카이사르를 따라 갈리아 전쟁에서 용맹을 떨쳤던 그의 아들 '젊은 크라수스' 역시 기병대를 지휘하여 파르티아인들에게 돌격하다가 오히려 포위를 당해 전사하고 말았다. 크라수스와 그 아들의 목은 모두 잘려 파르티아 왕에게 승리의 기념물로 바쳐졌다. 그리고 파르티아군에게 항복한 로마군 1만 명은 포로가 되어 파르티아의 머나먼 동방 국경으로 끌려갔다.

카레 전투의 여파로 로마의 동방 정복은 사실상 저지당했다. 15년 후인 기원전 38년, 로마군은 안티옥 외곽 전투에서 파르티아 왕자 파쿠르를 죽여 겨우 체면치레를 했다. 하지만 크라수스의 복수를 하러 파르티아로 출정했던 로마 장군 안토니우스의 대군은 파르티아 기병의 게릴라 전술에 휘말려 땅 한 조각도 얻지 못한 채, 전군의 3분의 1을 잃는 패배를 당하고 철수해야 했다.

폰투스와 이집트 등 동방의 왕국들이 차례로 로마에게 정복되는 와중에도 파르티아는 꿋꿋이 버티며 로마와 맞섰다. 네로 황제 시절에는 아르메니아가 파르티아의 영토로 편입될 뻔하다가, 로마 장군 코로불로가 로마군을 이끌고 반격하여 파르티아군을 아르메니아로 몰아냈으나, 파르티아 본토에는 들어가지 못했다.

로마군이 이처럼 파르티아와의 전투에서 고전을 면치 못했던 이유는 중무장 보병의 밀집 대형을 기본 전술로 삼은 로마가 그만큼 기병을 주력으로 삼은 파르티아를 제압하는 데 서툴렀기 때문이었다. 그러나 앞서 말한 것처럼 파르티아는 봉건제를 채택한 나라였고, 그로 인해 심각한 약점을 지니고 있었다. 상비군이 없던 파르티아는 전쟁이 날 때마다 지방 영주들이 가진 사병들과 왕이 거느린 소수의 직속 부대가 연합해서 싸웠는데, 만일 지방 영주들이 왕의 소환 명령을 거부하고 군대를 보내지 않으면, 왕은 자신이 가진 소수의 친위대만으로 전쟁을 해야 했다. 그래서 왕권이 약한 왕은 전쟁을 할 때 병력이 적어 매우 불리했다.

특히 서기 2세기에 접어들면서 파르티아는 지방 영주들의 권한이 강해지고 왕의 권력은 약해져 갔다. 그래서 로마군의 공격에 예전처럼 효과적으로 대응할 수가 없었다. 서기 116년, 로마의 트라야누스 황제는 대군을 이끌고 파르티아의 수도 크테시폰을 공격하여 함락시켰다. 파르티아와 싸워 오랜만에 로마가 거둔 승리였다.

그 후로도 마르쿠스 아우렐리우스 황제는 162년에서 166년까지 벌어진 전쟁에서 승리했고, 199년 세베루스 황제는 파르티아군을 격파하고 메소포타미아 지역을 점령했다.

안갯속으로 사라지다
::

로마와의 전쟁에서 연패하면서 파르티아는 국력에 큰 타격을 입었다. 특히 전쟁이 벌어진 곳이 파르티아 영토에서 가장 비옥한 농경지이자

파르티아 왕 오르데스의 모습이 새겨진 은화.

인구 밀집 지역인 메소포타미아다 보니 더욱 피해가 컸다. 전쟁 때문에 농사를 짓기 어려워졌고, 사람들이 전쟁을 피해 도망치다 보니 세금을 거두기도 힘들었다.

　하지만 파르티아를 무너뜨린 것은 로마가 아닌, 내부의 반란이었다. 서기 224년, 이란 남부 파르스 지방의 영주인 아르다시르는 자신이 알렉산드로스 대왕에게 멸망당한 아케메네스 왕조의 후손이며, 북방의 이민족인 다하이족이 세운 파르티아는 페르시아인이 아니므로, 페르시아인을 다스릴 자격이 없다고 주장하면서 반기를 들었다. 그리고 파르티아의 마지막 왕인 아르타바누스 4세는 호르메즈다간 평원에서 벌어진 결정적인 전투에서 아르다시르가 이끄는 군대에 패해 전사하고 말았다. 대승을 거둔 아르다시르는 2년 후인 226년, 파르티아의 수도인 크테시폰도 함락하여 파르티아를 멸망시키고, 자신의 할아버지 사산의 이름을 딴 사산 왕조를 세웠다. 그가 이룩한 나라는 훗날 역사에서 사산 왕조(224~651)라 불린다.

아르다시르에게 멸망당한 파르티아의 남은 일부 세력은 아르메니아로 망명하여 다시 파르티아 왕국의 부활을 노렸으나, 날이 갈수록 강성해지는 사산 왕조를 보며 결국 꿈을 접어야 했다. 파르티아가 망하고 나서 약 1세기가 지나자 파르티아의 잔여 세력은 대부분 아르메니아에 흡수되어 사라졌다.

500년 동안이나 존속했음에도 불구하고 파르티아의 흔적은 안갯속에 가려진 것처럼 희미하다. 파르티아를 멸망시킨 사산 왕조가 파르티아인들이 남긴 역사서와 자료들의 상당수를 파괴하고 없애 버렸기 때문이다. 따라서 지금 학자들이 파르티아의 역사를 알기 위해서는 그들과 접촉한 그리스와 로마인들이 남긴 기록들을 살펴보아야 한다. 역사마저 찾기 힘든, 멸망한 민족의 슬픈 초상이다.

중세 유럽과 중앙아시아의
유목 민족들

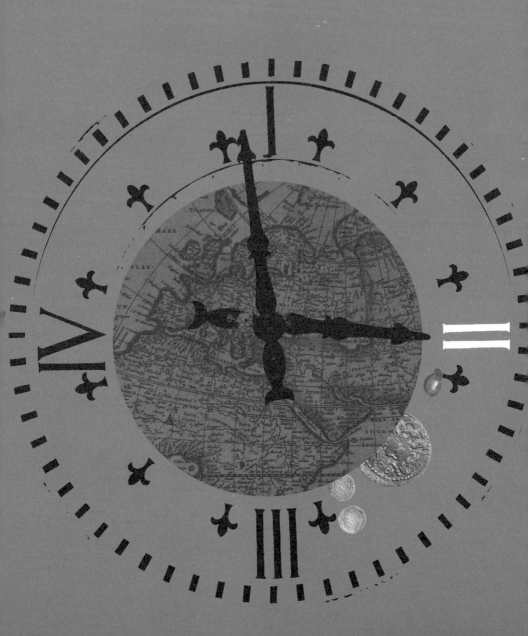

칭기즈칸을 제외하고 세계사에서 가장 잘 알려진 유목민 지도자를 꼽으라면 단연 아틸라가 꼽힐 것이다. 그가 이끈 훈족Hun의 위세는 한때 로마제국과 게르만족을 두렵게 할 정도였다.

그러나 이런 훈족이 어디에서 왔으며, 어떤 계통의 집단이었는지는 아직도 확실히 밝혀지지 않았다. 이들은 대체 누구였을까?

훈 족

로마인과 게르만족의
공포가 된 수수께끼의 민족

흉노족과 훈족은
같은 집단인가?

∵

훈족을 이야기할 때, 빠지지 않고 나오는 논란거리는 단연 '훈족이 과연 흉노족의 후손인가?' 하는 것이다. 100년 넘게 세계의 수많은 학자들이 갑론을박을 벌였지만, 아직 확실한 해답은 나오고 있지 않다. 그러나 여러 정황상 훈족과 흉노가 같은 집단이라는 설이 설득력이 있어 보이며, 이 책도 그 설을 따르고 있다.

여기서 잠시 흉노족에 대해 설명하자면, 그들은 몽골-투르크 계통의 유목 민족으로 원래는 현재의 몽골 초원에 살면서 한때는 중국 한나라를 위협할 정도로 강력했다. 그러나 한나라의 맹렬한 공격에 북흉노와 남흉노로 분열되어, 북흉노는 멀리 중앙아시아로 달아났고 남흉노는 한나라에 복속했다.

'흉노'는 흉노족 스스로가 아니라, 그들의 적인 중국인들이 붙인 명칭이다. 그런데 이 이름은 '흉악한 노비凶奴'라는 극도로 모욕적인 뜻을 담고 있다. 당연히 '흉노'족이 자신들을 그렇게 불렀을 리 없다. 흉노족과 오랫동안 싸워 온 중국인들이 그들에 대한 적개심을 담아 부른 명칭일 것이다.

그렇다면 흉노족은 자신들을 뭐라고 지칭했을까? 그들이 역사 기록을 남기지 않아 정확히 알 수는 없다. 다만, '흉노'의 원래 발음이 '훈누'나 '훈'이 아니었을까 추측된다. 흉노족의 먼 후손에 해당되는 지금의 몽골인들은 사람을 '훈'이라고 부른다. 가령 한국인을 몽골어로 부르면 '솔롱고스(한국) 훈(사람)'이라고 하는 식이다.

그렇다면 과연 훈족은 흉노족과 같은 집단이었을까? 이 가설을 뒷받침해 주는 기록이 여럿 남아 있다. 중국 북위의 황제인 탁발준拓跋浚(452~465)에게 보내진 소그드어 문서에서는 서기 310년, 중국의 수도인 낙양을 함락시킨 흉노족 군대를 '훈족'이라고 기록했다. 또한 고대 그리스의 지리학자인 스트라보(BC 63~AD 23)는 훈족의 위치가 그리스-박트리아 왕국(현재 아프가니스탄)의 동쪽에 있다는 기록을 남겼는데, 이 위치가 바로 흉노족의 주요 활동 지역이다. 그리고 서기 355~365년 훈족은 카스피 해와 아랄 해 사이의 유목민인 알란족을 공격했는데, 이것이 중국 사서《위서魏書》에는 흉노족이 엄채(알란족)를 공격했다고 서술되어 있다. 아울러 로마 학자인 마르셀리누스는 이 사건을 훈족이 저질렀다고 기록했다. 즉, 당시 동서양의 중심 국가였던 중국과 로마는 흉노족과 훈족을 같은 집단으로 인식하고 있던 것이다.(《터키사》, 이희수)

374년, 유럽에 등장한 낯선 집단
::

훈족, 즉 흉노족은 대체 어떤 이유로 몽골 초원에서 멀리 유럽까지 오게 된 것일까? 여기에는 몇 가지 원인이 있으나, 그들이 원래의 근거지인 몽골 초원에 살다가 중국 및 다른 유목 민족들과의 세력 다툼에서 밀려나 서쪽으로 이동했다는 설이 신빙성이 높다.

기원전 60년을 시작으로 흉노족 내부에서는 5명의 선우單于(흉노족의 군주)가 나타날 정도로 극도의 혼란과 내분이 계속되었다. 그중 호한야선우는 경쟁자인 질지선우와의 싸움에서 불리해지자 중국 한나라에 도움을 청하고 복속하여 신하가 되었다. 그리고 유명한 미녀 왕소군과 결혼하여 고사를 남기기도 했다.

호한야선우는 한나라와 연합하여 질지선우를 공격했는데, 세력 다툼에서 불리해진 질지선우는 추종자들을 거느리고 현재의 중국 서부 신강 위구르 자치구 지역으로 달아났다. 이때가 기원전 51년인데, 이로써 흉노는 호한야를 비롯하여 중국에 복속한 남흉노와, 질지를 따라 서쪽으로 이주한 북흉노로 완전히 분열되었다. 서쪽으로 이주한 질지선우는 카자흐스탄 남부의 원주민인 '강거'와 신강 서북부의 키르기즈족, 오손족 등을 굴복시키고 세력을 넓혀 나갔으며, 기원전 41년 무렵에는 탈라스와 추강 사이에 도읍이 될 성을 건설했다.

하지만 한나라는 적대 세력인 흉노족이 다시 힘을 회복하는 것을 가만히 보고만 있지 않았다. 기원전 36년, 한나라의 장군 진탕은 7만의

훈족의 기병대를 상상한 그림. 훈족은 로마에서 페르시아까지 수천 킬로미터를
아무런 제약도 받지 않고 순식간에 주파하는 놀라운 기동성을 보였다.

군사를 이끌고 질지선우의 근거지인 선우성을 공격했다. 이때 성을 지키고 있던 흉노군의 수는 정확히 알려져 있지 않으나, 한나라 군대보다 훨씬 적었다. 선우성은 철저하게 파괴되었고, 질지를 포함한 흉노의 권력자 1518명은 죽임을 당했다.

하지만 그렇다고 흉노족이 완전히 사라진 것은 결코 아니었다. 질지가 죽고 남은 잔당들은 한나라의 손이 닿지 않는 더 먼 서쪽으로 달아나 카스피 해와 아랄 해에 근거지를 틀었다. 그들은 주위의 유목민들을 끌어들이고 동방에서 새로이 이주해 오는 다른 흉노족들을 받아들여 세력을 키워 나갔다.

이런 과정은 200년 동안 계속되었는데, 서기 4세기 중엽 동방에서 중앙아시아로 이동해 온 에프탈족이 흉노족을 압박하자, 북흉노는 이들을 피해 더욱 먼 곳인 서쪽, 즉 유럽으로 대규모 이주를 단행했다.

그리고 서기 374년, 지금의 우크라이나 지역에 살고 있던 동고트족은 동쪽에서 몰려오는 이방인들과 마주쳤고, 고대 그리스와 로마인들이 불렀던 것처럼 그들을 '훈족'이라고 불렀다. 훈족이 374년을 기점으로 유럽에 처음 모습을 드러낸 것이었다. 그들이 바로 한나라를 피해 서쪽으로 도망친 북흉노의 후손들이었다.

이때 훈족을 이끈 지도자는 발라미르였다. 그의 지휘하에 훈족은 현재의 러시아 카프카스 지역을 지배하던 유목민 알란족을 굴복시켰다. 또한 우크라이나의 동고트족이 세운 동고트 왕국을 맹렬히 공격하여 국왕 아르마나리크를 자살하게 만들고, 후임자인 후리문트를 동고트 왕으로 세워 지배하에 두었다. 이때부터 동고트족은 80년 동안 훈족에 복종하고 살았다.

훈족에 복종하기를 거부했던 고트족의 다른 일파 서고트족을 이끈 국왕 아타나리크는 드네프르 강에서 훈족에 맞서 싸웠으나 참패하고 375년 로마제국 영토 내로 도망쳐 들어갔다. 서고트족의 이동이 바로 훗날 세계사에서 부르는 '게르만족의 대이동'을 초래한 사건의 시작이었다.

393년, 훈족은 남쪽으로 원정을 단행했다. 훈족을 지휘한 사령관은 바시크와 쿠르시크라는 두 장군이었는데, 현재 터키 동부 도시인 에르주룸을 공격한 것을 시작으로 유프라테스 지역과 말라티아, 추쿠로바 등지를 잇달아 휩쓸었다. 그리고 시리아 동부인 에데사, 안티옥, 타르수스를 점령한 훈족은 계속 서남쪽으로 진격하여 기독교의 성지인 예루살렘 부근까지 도달했다.

395년, 훈족은 다시 중동 원정에 나서 소아시아 반도의 중앙부인 카이세리, 카파도키아, 갈라티아를 공격하다가 페르시아의 공격을 받고 아제르바이잔을 거쳐 북쪽의 우크라이나로 철수했다.

노예도 귀족이 될 수 있었다
::

이쯤에서 훈족의 일상생활에 대해 알아보기로 하자. 훈족이라고 항상 전쟁만 하며 산 것은 아니었다.

훈족은 어떻게 생긴 사람들이었을까?

훈족이 흉노의 후손이라면, 그들의 외모는 지금의 몽골인들과 비슷했을 것이다. 그러나 훈족은 이방인과의 결혼을 꺼리지 않았다. 따라서 훈족 내부에는 동양인과 서양인의 외모를 가진 사람들이 모두 함께 공존하며 살아 갔을 것이다.

헝가리에서 발견된 훈족의 무쇠솥. 서기 5세기의 것으로 추정된다.

훈족은 편두를 하는 특이한 풍습도 가지고 있었다. 편두는 갓난아이일 때, 머리를 무거운 돌로 짓눌러 전체적으로 길고 뾰족하게 만드는 것이었다. 훈족의 지배를 받았던 동고트족과 게피다이족 등 게르만 부족들도 편두를 따라 했다.

훈족은 원래 유목민이라, 가축이 끄는 수레 안에서 살았다. 그러나 판노니아(헝가리 지역) 초원에 정착한 이후로는 통나무로 만든 집을 짓고 살았다.

전쟁이 없을 때 훈족은 뛰어난 가죽 세공인이자 목동, 가축 상인이었다. 또한 통나무를 파서 만든 단순한 배를 타고 강을 건너며 뱃사공으로 일하기도 했다. 훈족에게 파견된 동로마 역사학자 프리스쿠스는 자신을 포함한 동로마인 사절들이 훈족 뱃사공이 모는 통나무배를 타고 도나우 강을 건넜다고 기록했다.

기본적으로 유목민이다 보니 훈족의 음식은 주로 고기와 유제품이었다. 프리스쿠스는 아틸라를 직접 만나 그가 베푼 연회에 참가했는데,

왕임에도 불구하고 아틸라는 나무 접시에 담긴 삶은 고기를 먹고 있었다고 한다.

훈족이 생선도 좋아했을까? 프리스쿠스를 대접할 때, 황소 고기와 함께 생선을 음식으로 내놓았다는 기록이 있는 걸 보면 생선도 먹었을 테지만, 그다지 즐기지는 않았을 것이다. 유목민이 가축을 잡는 것에 비해 물고기를 낚시하는 것은 많은 시간이 걸렸을 것이기 때문이다.

훈족의 옷은 주로 소나 양의 가죽을 가공하여 만들었다. 물론 개중에는 로마인들과 교역을 하면서 얻은 비단 같은 좀 더 고급스러운 옷감도 있었다. 그런 것들은 왕족이나 부자들이 입었고, 대부분의 훈족들은 가죽옷을 입었다.

그들이 어떤 종교를 믿었는지는 자세한 자료가 없어 알기 힘들다. 다만 동로마제국의 마르쿠스 주교가 훈족 왕들의 무덤을 도굴하자, 아틸라가 매우 분노하여 동로마에 전쟁을 선포했다는 기록이 있는 걸 보면, 훈족은 조상 숭배 신앙을 가졌을 것으로 추정된다. 그리고 선조인 흉노족처럼, 하늘과 땅과 해와 달 등 자연을 신격화하기도 했던 것으로 보인다.

훈족 사회는 지배층인 왕족과 귀족, 그리고 피지배층인 평민과 노예 등으로 구분되었다. 왕족은 왕을 선출하는 특별한 가문 출신으로 한정되었으며, 귀족들은 왕의 신하이면서 각자 자신에게 복종하는 백성들을 따로 거느리고 있었다. 평민은 왕족과 귀족에 복종해야 했으며, 기본적으로 자신이 사는 지역의 귀족을 주인으로 섬겼다. 하지만 자신이 섬기는 귀족이 마음에 들지 않으면 얼마든지 다른 귀족을 찾아가 그의 보호를 받을 수 있었다. 또한 평민에게는 자신의 재산을 가지고 마음대로 결혼할 권리도 있었다. 노예들은 주로 전쟁터에서 잡아온 외국인들이었는데, 운이 좋거나 주인의 마음에 들면 얼마든지 자유를 얻어 평민이 되거나 심지어 귀족으로 승격될 수도 있었다. 프리스쿠스와 만난 어느 훈족 귀족은 자신이 본래 훈족에게 잡혀 온 로마인 포로였는데, 한동안 노예 생활을 하다 전쟁터에서 용감히 싸워 훈족 주인을 구해 준 대가로 자유를 얻었으며, 훈족 여성과 결혼하고 많은 돈을 벌어, 로마에 살았을 때보다 더 풍족한 삶을 누리고 있다는 자랑을 하기도 했다.

뛰어난 기마 궁술과 공성술
::

로마와 게르만족을 공포에 떨게 했던 훈족의 군대와 전술에는 어떤 특징이 있었을까?

훈족의 군대는 기본적으로 가볍게 무장하고 말을 탄 채로 활을 쏘는 기마 궁수로 구성되었다. 한 명의 훈족 기병은 세 마리의 말들을 거느렸는데, 말을 타다가 지치면 다른 말로 갈아타서, 뛰어난 기동성을 계속 유지할 수 있었다.

훈족 병사의 주요 무기는 단연 활이었다. 훈족의 활은 위가 아래보다 조금 더 긴 비대칭 형태이며 전체 길이는 130~140cm이고, 화살촉은 쇠나 동물의 뼈를 날카롭게 갈아 만들었다. 화살의 유효 사정거리는 약 60m 정도였다.

로마의 역사가 조시무스는 훈족이 멀리서 구름처럼 적을 에워싸고 화살을 퍼붓는 전술을 구사한다고 기록했다. 그들의 조상인 흉노족이 그랬던 것처럼 훈족 기병들도 기마 궁술에 뛰어났던 것이다.

훈족은 활을 매우 소중히 여겼는데, 사람이 죽으면 진짜 활이 아닌 모형으로 만든 활을 무덤에 넣었다. 활은 훈족의 상징이기도 했는데, 동로마 황제는 아틸라가 죽고 난 뒤에 활이 부러지는 꿈을 꾸었다고 한다.

훈족이 키운 말은 어땠을까? 5세기의 로마인 학자 베게티우스는 훈족의 말은 키가 작고 머리가 크며 털이 많지만, 추위에 견디는 능력과 발굽으로 눈을 파헤치고 풀을 찾아내는 능력, 주인에 대한 복종심 및 체력에서 로마의 말보다 더 뛰어나다고 기록했다.

그러나 훈족이 항상 기병으로만 싸웠던 것은 아니었다. 헝가리 초원에 정착한 이후에는 대규모의 말들을 먹일 목초지가 부족했던지, 가난한 훈족들은 말을 타지 않고 두 발로 걸어 다니면서 보병으로 싸웠다. 훈족이 서로마군과 크게 싸웠던 샬롱 전투에서는 창과 방패를 든 많은 수의 훈족 보병들도 참가했다.

대부분의 훈족들은 털가죽 외투와 모자, 그리고 긴 장화를 신어 날렵하게 행동할 수 있었다. 물론 훈족 군대에 경무장 부대만 있지는 않았다. 모든 훈족 병사는 무기나 장비들을 자신이 직접 마련해야 했기 때문에, 왕족이나 귀족같이 부유한 계층은 신체를 좀 더 안전하게 보호하기 위한 금속 갑옷과 방패, 투구도 착용했다.

하지만 훈족 군대의 핵심은 어디까지나 경무장 기병이었다. 물론 사람과 말이 모두 갑옷을 입은 중무장 기병들도 훈족 군대에 포함되었다. 그들은 대부분 훈족에 복속된 다른 유목 민족인 사르마티아나 알란족 출신이었다. 전투가 벌어지면 중무장 기병들은 군대의 양 측면에 배치되어 대기하고 있다가, 경무장 기병들이 적진에 화살을 퍼부어 피해를 입히고 적진이 느슨해지면, 그때 양옆에서 적진을 향해 돌격하며 충격을 가하는 용도로 투입되었을 것이다.

이 밖에도 훈족은 유럽에 정착하면서 요새나 성벽을 공략하기 위한 공성 기술도 터득했다. 그들은 나무로 만들어진 거대한 공성탑이나, 성문을 부수는 파성추, 성벽을 타고 넘는 사다리도 만들어 실전에 배치했다. 당시 로마인들은 자신들이 싸우던 모든 야만족들 중에서 유일하게 훈족만이 요새 공격이 가능하다고 기록했다.

유럽 침공과 영웅 아틸라의 등장
∷

서기 400년 무렵 훈족은 하나의 지도자 밑에 통일된 단일 조직체가 아니라, 여러 명의 왕들이 각자를 따르는 부족들을 거느리고 활동하던 상태였다. 제일 유력한 지도자는 울딘이었으며, 그 밖에도 훗날 등장하는 아틸라와 블레다 형제의 아버지인 문주크를 비롯해 문주크의 형제인 루아 및 옥타르, 아이바르스 등 많은 왕들이 지금의 우크라이나에서 루마니아 동부까지 이르는 영토를 나누어 지배했다.

5세기 초, 훈족은 동로마제국을 상대로는 침공 위협을 내세우며 황금을 받아 냈고, 서로마제국과는 우호적인 관계를 유지했다. 훈족이 두 로마제국을 상대로 서로 다른 정책을 구사한 이유는 로마인들 사이에 분열을 조장해서 그들이 하나로 뭉쳐 자신들을 압박하는 것을 막기 위해서였다. 그리고 서로마보다는 동로마가 더 부유한 지역이어서 얻어 낼 수 있는 재물이 더 많았다.

하지만 이때까지도 훈족은 본격적으로 로마제국에 맞서지 못하고 로마에 고용된 용병으로 활동했다. 406년, 동고트족 출신 지도자인 라다가이수스가 부르군트와 콰디, 수에비, 반달 등 게르만족들을 모아 서로마에 반란을 일으키자, 서로마의 총사령관 스틸리코는 훈족 용병들이 포함된 군대로 파에술레에서 라다가이수스를 오랫동안 포위한 끝에 결국 그를 죽이고 반란을 진압하는 데 성공했다.

이때 훈족 용병의 지도자는 울딘이었다. 그의 집권 기간 동안 수에비족과 반달족을 포함한 수많은 게르만 부족들은 훈족을 피해 라인 강 너머의 서로마 영토로 집단 이주했다.

울딘은 자신의 세력에 무척이나 자부심을 드러냈는데, 409년 동로마의 트라키아 총독을 직접 만난 자리에서 "원한다면 나는 태양이 비치는 모든 땅을 정복할 수 있다."라고 과시하기도 했다. 그러나 울딘의 호언장담은 오래가지 못했다. 동로마제국이 울딘의 부하들을 뇌물과 이

권으로 회유하자, 그들은 울딘에 반기를 들고 이탈하여 동로마로 대거 투항했고, 부하들의 반란에 당황한 울딘은 멀리 동쪽으로 달아났다가 410년에 죽었다.

울딘이 죽자 대부분의 훈족들은 다른 왕족인 카라톤의 휘하로 모여들었다. 카라톤은 412년부터 422년까지 10년 동안 훈족의 가장 유력한 지도자로 활동하다 사망했다. 422년이 되자 네 명의 왕족인 문주크, 옥타르, 아이바르스, 루아가 권력을 놓고 다투었는데, 결국은 루아가 지도자들의 대표로 올라섰다. 그 후에 문주크는 곧 죽었고, 그의 두 아들인 블레다와 아틸라는 숙부인 루아의 집안에서 자랐다.

루아는 울딘보다 역량이 더 뛰어났다. 422년 동로마가 훈족의 분열을 노리고, 복속되어 있던 여러 부족들의 반란을 선동해 훈족을 공격한 사건이 벌어졌는데, 이때 루아는 침착하게 내부 반란을 진압하고 동로마의 침공을 격퇴시켰다. 그리하여 루아는 동로마로부터 매년 158*kg*의 황금을 공물로 받아 내는 협상을 맺었다.

또한 루아는 서로마와 인질 교환 조약도 맺었는데, 유력한 젊은 귀족을 각자 서로의 왕궁으로 보내 자라게 하는 내용이었다. 그리하여 서로마에서는 명문 귀족인 아에티우스가 훈족 왕실로 보내졌고, 반대로 훈족에서는 아틸라가 서로마 황실로 보내졌다. 이런 이유로 아에티우스는 훈족을, 아틸라는 서로마를 잘 이해하게 되었으며, 젊은 시절의 경험을 훗날 요긴하게 잘 써먹었다.

423년, 동로마와 서로마 사이에 전쟁이 벌어졌다. 동로마 황제 테오도시우스 2세가 보낸 군대가 이탈리아 반도를 공격하자 서로마는 루아에게 지원을 요청했다. 루아는 즉각 응답하여 6만 명의 군대를 거느리고 이탈리아로 달려갔다. 훈족이 서로마를 돕고 나서자 동로마 군대는 훈족에게 막대한 배상금을 주고는, 더 이상의 전쟁을 포기하고 재빨리 철수했다.

이때 아에티우스는 훈족의 인질에서 풀려나 35세의 나이로 서로마 군대를 이끄는 장군이 되어 있었다. 그는 자신이 서로마의 권력 다툼에서 어려운 상황에 처하자, 루아에게로 달아나 그가 보내 준 훈족 군사들의 힘을 빌려 권력을 장악했다.

434년, 루아가 죽고 그의 후계자로 두 조카인 블레다와 아틸라 형제가 등장했다. 그리고 옥타르와 아이바르스는 서부와 동부의 변경 지역을 다스렸다. 블레다와 아틸라는 약 11년 동안 훈족의 최고 지도자로 공동 통치권을 행사했다. 같은 해, 아틸라는 동로마 황제 테오도시우스 2세가 보낸 사절단을 만난 자리에서 다음 네 가지의 요구 사항을 말했다. 첫째는 훈족에 복속되어 있는 다른 부족들을 선동하여 반란을 부추기지 말고, 둘째는 훈족에서 반란을 일으키고 동로마로 달아난 망명자들을 모두 돌려보내며, 셋째는 훈족과 동로마의 무역은 정해진 장소에서만 하고, 넷째는 동로마가 매년 훈족에게 공물로 보내는 황금을 315㎏으로 늘려 달라는 내용이었다.

동로마 측은 아틸라가 내건 요구 조건을 모두 승인했으며, 훈족 지역에서 동로마로 피신한 망명자들을 모두 넘겨주었다. 아틸라는 트라

훈족의 전성기를 이끈 왕 아틸라.
(1843~1847, 유진 들라크루아)

키아로 그들을 끌고 가, 동로마 사신이 보는 앞에서 모조리 처형해 버렸다.

435년 무렵, 훈족의 영토와 위세는 최고 절정에 달했다. 북으로는 발트 해, 남으로는 흑해, 서로는 알프스 산맥, 동으로는 우랄 산맥까지 실로 광대한 영역이 훈족의 지배를 받았다. 동고트, 알란, 사르마티아, 게피다이, 루기, 헤룰리족 등 훈족에 복속된 부족들도 45개나 되었다. 훈족은 로마제국처럼 피정복민들을 자신들이 직접 통치하지 않았으며, 그들의 지도자가 훈족 왕에게 신하임을 인정하고 세금을 바치는 정도에서 만족하는 간접 지배에 그쳤다.

한편, 서로마제국은 수많은 게르만 부족들이 영내로 마구 들어와 약탈과 파괴를 저지르는 바람에 큰 혼란에 빠진 상황이었다. 그중에서 특히 부르군트족의 침략이 큰 문제로 대두되었다. 서로마 군대의 총사령관 아에티우스는 이번에도 훈족에게 도움을 요청했고, 급기야 437년 아틸라가 보낸 훈족 군대는 아에티우스가 이끄는 로마군과 연합 작전을 벌여, 보름스에서 부르군트족과 치열한 대격전에 돌입했다.

전투의 승패는 훈족과 서로마군의 대승리로 끝났고, 부르군트족의 군디카르 왕과 2만 명의 전사들은 모두 전멸했다. 이 사건은 그로부터 약 800년 후인 1200년, 중세 독일의 서사시인 '니벨룽겐의 노래'로 불리어졌다.

서쪽에서 활동한 훈족은 이제 다시 동쪽으로 창끝을 돌렸고, 440년부터 아틸라는 직접 군대를 이끌고 동로마와 전쟁에 돌입했다. 동로마 황제 테오도시우스 2세가 훈족으로부터 도망쳐 온 동고트족 아르네기실후스를 트라키아 주둔 군사령관에 앉혀, 434년 아틸라와 맺었던 협정을 위반했기 때문이었다. 여기에 동로마의 마르쿠스 주교가 콘스탄티아 외곽에 있는 훈족 왕들의 무덤을 도굴하자, 이를 훈족에 대한 모독으로 여긴 아틸라는 크게 분노하여 동로마에 전쟁을 선포했다.

441년, 아틸라는 훈족 군대를 이끌고 다뉴브 강을 건너 동로마의 영토인 라타아리아와 비미나키움, 싱기두놈(베오그라드), 마르구스를 잇달아 점령했다. 때마침 동로마제국의 수도 콘스탄티노플에 큰 지진이 일어나 도시를 둘러싼 성벽이 무너지는 사고가 발생했다.

그러나 아틸라가 나이수스를 점령하고 있을 때, 콘스탄티노플 시민들은 서둘러 성벽을 수리했고, 아틸라는 도시 외곽에 이르렀을 때에도 차마 성벽을 넘을 엄두를 내지 못했다. 콘스탄티노플의 삼중 성벽은 그 두께가 6m나 될 만큼 두껍고 튼튼해서 훈족이 가진 공성 장비로는 도저히 부술 수 없었다.

대신 아틸라는 필리포폴리스와 아르카디오폴리스, 아티라스 등을 잇달아 손에 넣었다. 페르시아에 파견된 동로마 주력 부대가 뒤늦게 돌아와 아틸라가 이끄는 훈족 군대와 트라키아에서 전면전을 벌였으나 참패하고 말았다.

주력 부대가 패배하자 테오도시우스 2세는 훈족과 친분이 두터운 아에티우스를 중재자로 내세워 아틸라와 평화 협상을 했다. 내용은 동로마가 훈족에게 해마다 바치는 금의 양을 1050*kg*으로 늘리고, 거기에

3t의 금을 더 주기로 한 것이었다.

동로마를 상대로 큰 승리를 거두었지만 훈족 내부는 평화롭지 못했다. 지금까지 공동 통치권을 행사해왔던 블레다와 아틸라 사이에 불화가 싹텄다. 두 형제는 물밑으로 서로를 억누르고 최고 권력을 독점하기 위한 암투를 벌였다. 결국 444년 블레다가 사망하고 최후의 승자는 아틸라가 되었다.

서쪽으로 향하는 아틸라의 칼
::

448년, 동로마의 학자인 프리스쿠스는 사절단의 일원으로 헝가리 판노니아에 있던 아틸라의 궁정을 찾아갔다. 그리고 자신이 직접 보고 들은 훈족 내부의 실상을 상세한 기록으로 남겼다.

프리스쿠스는 훈족 마을을 방문할 때마다 쇠고기와 생선 등 음식을 풍족하게 대접받았다고 한다. 그리고 직접 만난 아틸라는 화려한 장식은 없지만 깨끗하게 빤 새 옷을 입었으며, 그의 친위대 병사들은 호화로운 옷을 입고 금잔과 은잔에 술을 마시고 은접시에 온갖 산해진미를 담아 게걸스럽게 먹었으나, 정작 아틸라 본인은 옷차림과 음식에서 신하들에 비해 훨씬 소박했다고 한다.

이 밖에 아틸라는 동로마 황제가 자신을 죽이려 사절단에 암살범을 포함시켰다는 사실을 알아냈으나, 그 암살자를 죽이지 않고 암살에 성공했을 시 그가 받기로 했던 것만큼의 금을 자루에 넣어 돌려보내는 등 아량을 베풀었다고 한다.

프리스쿠스가 동로마로 귀환하자 아틸라는 다시 동로마에 대한 전쟁을 선포했다. 동로마 황제가 자신을 죽이려 했던 것에 대한 보복이었다. 아틸라가 이끄는 훈족 군대는 트라키아와 일리리아, 테르모필라이를 휩쓸고 콘스탄티노플 근교까지 순식간에 진격했다. 하지만 450년, 동로마의 새 황제로 즉위한 마르키아누스는 훈족의 위협에도 불구하고, 그들과 맺은 모든 협상을 무효화시키며 강경 자세를 일관했다.

그런데 아틸라는 동로마를 응징하지 않고, 대신 지금까지 우호 관계를 유지해왔던 서로마를 공략할 계획을 세우고 있었다. 우선 야전에서는 동로마 군대를 계속 격파해도 콘스탄티노플의 거대한 삼중 성벽

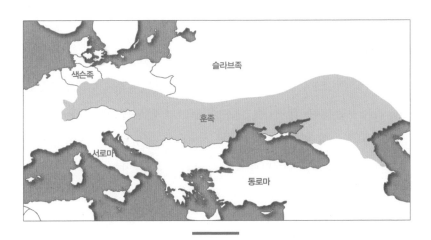

아틸라가 죽기 직전인 450년, 훈족의 최대 영토를 나타낸 지도.

을 뚫지 못하는 한, 동로마를 무너뜨릴 수는 없었다. 또한 잇따른 공격으로 동로마 영토가 황폐해진 상태였기 때문에, 그동안 건드리지 않은 서로마를 공격하는 편이 더 나을 거라고 생각했고, 동로마보다 서로마가 더 허약하다고 본 탓도 있었다.

하지만 전쟁을 하려면 명분이 중요한데, 마침 서로마 황제 발렌티아누스 3세의 여동생인 호노리아가 시종과 불륜을 저질렀다 임신을 하여 감금된 일이 발생했다. 호노리아는 다급한 나머지 아틸라에게 남편으로 맞을 테니 자신을 구해 달라는 편지를 보냈다. 아틸라는 이 편지를 내세워 자신이 호노리아와 결혼하는 대가로 갈리아(지금의 프랑스) 지방을 지참금으로 달라고 발렌티아누스 3세에게 요청했다.

물론 발렌티아누스 3세는 아틸라의 요구를 거부했다. 그러자 아틸라는 호노리아와 갈리아 땅을 차지하기 위해 서로마를 공격하겠다고 선언했다. 451년, 아틸라는 훈족과 게르만족으로 이루어진 대군을 이끌고 3월에 라인 강을 건너 갈리아로 진격했다. 그러나 서로마군의 총사령관 아에티우스는 서고트족과 프랑크족 등 게르만 부족들의 동맹군을 규합하여 아틸라에 맞서기로 결심하고, 그가 쳐들어오는 갈리아 동북쪽으로 진군했다. 4월 7일, 아틸라는 메스를 점령하고 6월 14일에는 오를레앙으로 진격했으나, 서로마군이 먼저 점령한 것을 확인하고는 한 발 물러서 지금의 파리 동남쪽인 샬롱으로 이동했다. 서로마군 역시 아틸라를 쫓아 샬롱으로 진격했다.

이리하여 451년 6월 20일, 샬롱에서 서유럽의 운명을 건 대격전이

사원을 약탈하는 훈족을 상상한 그림.(조르주 앙투안 로슈그로스, 19세기)

벌어졌다. 카탈라우눔 전투라고도 불리는 이 싸움에서 아틸라와 아에
티우스 모두 필사의 각오로 새벽부터 해가 질 때까지 전투를 계속했다.
서로마군 편에 섰던 서고트족은 국왕인 테오도리크가 전사했으며, 훈
족 편에 선 동고트족 역시 막대한 피해를 입었다. 이 전투에서 훈족 진
영은 기병뿐 아니라 보병들도 앞세워 투입했다.

　그 밖에 훈족과 서로마군에 소속된 게르만족들도 저마다의 전술로
창으로 찌르고 긴 칼을 휘두르며, 화살을 쏘거나 창을 던지며 싸웠다.
얼마나 전투가 격렬했던지, 죽은 병사들의 영혼마저 계속 싸웠다는 전
설이 나돌기도 했다.

막판에 전황이 불리해지자 아틸라는 자살을 결심하기까지 했다. 그는 마차로 주변을 둘러싸고 그 안에 나무 안장들을 쌓은 뒤, 혹시 서로마군이 들어오면 스스로 불에 타 죽을 준비까지 할 정도로 다급한 상황에 처하기도 했다. 그러나 아에티우스는 승세를 잡았음에도 훈족을 계속 밀어붙이지 않았다. 덕분에 아틸라는 서둘러 마차 방벽 안에서 나와 남은 병력을 수습하고, 20일 후에 본거지인 판노니아로 무사히 철수했다. 서로마군 역시 피해가 너무나 커서 차마 공격할 엄두를 내지 못했던 것으로 보인다.

이 샬롱 전투는 훈족이 유럽에 나타난 이래 벌인 가장 큰 전투였다. 애초에 아틸라가 계획한 갈리아 정복은 실패했으니, 결과적으로 본다면 훈족의 패배라고 말할 수 있다.

이탈리아 원정과
아틸라의 최후
::

하지만 아틸라는 여기서 물러나지 않았다. 샬롱 전투로부터 1년 후인 452년, 아틸라는 다시 대군을 일으켜 원정에 나섰다. 이번 목적지는 서로마의 중심부인 이탈리아 반도였다. 훈족 군대는 알프스 산맥을 넘어 이탈리아로 쳐들어갔다.

샬롱 전투의 패배를 만회하려는 듯, 아틸라가 이끄는 훈족 군대는 이탈리아 곳곳에서 파괴와 살육을 일삼았다. 현재 베네치아 근처의 도시인 아퀼레이아가 함락된 것을 시작으로 티키눔(파비아)과 메디오라눔(밀라노)이 훈족에게 굴복했다. 일설에 의하면 아퀼레이아에서 살아남은 생존자들이 훈족이 쫓아올 수 없는 늪지대로 피신해서 새로운 도시를 세웠는데, 그게 바로 오늘날의 베네치아라고 한다.

훈족의 맹렬한 기세에 겁을 먹은 서로마 황실은 튼튼한 성벽과 늪지대로 에워싸인 대도시 라벤나로 피신했다. 그리고 로마의 교황 레오 1세가 아틸라를 방문해 평화 교섭을 시도했다. 레오 1세와의 협상에서 아틸라는 군대를 철수하겠다고 약속했다. 마침 한여름이어서 이탈리아 내에는 더위와 전염병이 감돌아 훈족 병사들도 많이 죽거나 병에 걸려 있었다.

아틸라는 이탈리아에서 귀환한 이후, 453년 게르만족 여성인 일디코를 아내로 맞아 결혼식을 올렸는데, 공교롭게도 그날 밤에 원인 불명의 죽음을 맞았다. 아틸라가 죽자 훈족은 순식간에 붕괴되었다. 우선 후계자 자리를 놓고 아틸라의 아들들인 엘락과 뎅기지크, 에르낙이 내분을 벌였다. 여기에 훈족에 복종해 왔던 게피다이 부족장 아르다리크는 454년, 동고트족과 손을 잡고 반란을 일으켜, 판노니아에서 벌어진 전투에서 엘락을 죽이고 훈족을 격파했다.

큰 타격을 입은 훈족은 뎅기지크와 에르낙의 인도하에 우크라이나로 이주했다. 468년, 뎅기지크는 다뉴브 강을 건너 동로마제국을 공격했으나 전사했다. 남은 훈족의 잔당들은 동로마제국 군대에서 용병으로 복무했다. 6세기 동로마제국의 명장인 벨리사리우스는 훈족 근위병을 두었고, 동고트 왕국과 반달 왕국을 공격한 원정에서 훈족으로 구성된 외인부대를 거느리기도 했다. 그런가 하면 559년, 훈족의 일파인 코트리구르족은 콘스탄티노플 근교에까지 진격했다가, 동로마군에게 격퇴당하고 우크라이나로 철수했다. 얼마 후, 훈족의 잔여 세력은 유럽에 새로 등장한 유목민인 아바르족에게 흡수되어 소멸했다.

공포와 매혹의 이미지
::

훈족은 약 70년 동안 유럽 역사에서 큰 비중을 차지했으나 외부 세력에 의해 철저하게 파괴되었기 때문에 그들이 남긴 흔적을 찾기는 매우 어렵다. 하지만 한때나마 로마와 게르만족을 두렵게 했던 탓에, '훈족'과 '아틸라'라는 이름은 오랫동안 유럽인들의 마음속에 공포와 매혹의 대상으로 인식되었다. 그리고 훈족과 아틸라를 소재로 한 예술 작품들은 훈족이 사라진 이후에도 계속 쏟아져 나왔다. 중세 스칸디나비아 반도에서는 아틸라가 등장하는 서사시인 〈아틀리의 노래Lay of Atli〉가 나왔으며, 1200년, 독일에서는 역시 아틸라가 등장하는 고전 문학인 〈니벨룽겐의 노래Nibelungenlied〉가 발표되었다.

근대에 이르러 아틸라는 다시 유럽인들에게 인기 있는 소재로 쓰였다. 특히 노래로 배우들의 대사를 표현하는 오페라에서 아틸라가 자

주 등장했다. 이탈리아의 유명한 극작가인 베르디는 1846년, 침략자 훈
족에 맞서 조국 로마를 지켜야 한다는 내용의 오페라 〈아틸라〉를 발표
하여 큰 호평을 받았다.

　이 밖에도 20세기 들어 두 번에 걸친 세계대전이 터지자, 전쟁을
일으킨 독일인들은 그들의 적인 영국으로부터 '훈족'이라고 불렸다. 그
옛날 유럽을 위협했던 훈족처럼 독일인들이 잔인한 야만인이라는 인식
에서 나온 것이었다.

'에프탈Ephthalites'이라는 이름은 역사에 웬만큼 관심이 많은 사람이 아니면 쉽게 접하지 못했을 것이다. 하지만 이들이 역사 속에 남긴 흔적은 상당하다. 에프탈족은 서기 5세기와 6세기 초반까지 중앙아시아와 북인도에 이르는 넓은 지역을 지배하면서, 페르시아와 인도를 맹렬히 공격해 그들을 큰 위기로 몰아넣기도 했다.

에프탈족

페르시아와 인도를 위기에 빠뜨리다

일처다부제 관습을 가진
특이한 집단
::

대부분의 유목민들처럼 에프탈족도 스스로 기록을 남기지 않았다. 따라서 에프탈족의 역사를 알기 위해서는 그들과 접촉했던 외부인인 중국인과 페르시아인, 동로마인들이 남긴 기록을 봐야 한다. 중국 왕조인 북위의 역사를 기록한 《북사北史》에서는 에프탈족을 엽달국嚈噠國이라고 하였으며, 그들의 문화와 생활상에 대해 아래와 같이 적었다.

대월지大月氏와 비슷하며, 고차족에서 갈라져 나왔다고도 한다. 원래는 고비사막 북쪽의 금산(현재 몽골 알타이 산맥)에 살다가, 서남쪽으로 이주하여 우전국의 서남쪽 200리 부근에 '왕사성'이라는 도읍을 만들었다. 왕사성에는 황금으로 치장한 사찰과 탑이 많다. 풍습은 돌궐과 비슷하나 여러 형제가 한 명의 아내와 함께 산다. 뿔이 달린 모자와 구슬이 달린 옷을 입으며 머리털을 전부 깎는다. 언어는 유연족과 다르다. 사람 수는 약 10만이며, 물과 풀을 따라

옮겨 다니며 산다. 여름에는 서늘한 지역으로 이동하고 겨울에는 따뜻한 지역으로 간다. 집은 털가죽으로 천막을 쳐서 짓는다. 사납고 용맹하며 전쟁에 뛰어났다. 유연과 혼인을 하고 동맹을 맺었다. 서역의 주거국, 갈반타국, 발화국, 우전국, 사미국 등 30개 나라들이 모두 엽달국에게 복종하고 있다.

여기서 눈길을 끄는 점은 여러 형제가 동시에 한 명의 여자를 아내로 삼는 풍습이다. 이런 일처다부제는 일부다처제가 기본인 대부분의 유목민 풍습과는 상당히 동떨어진 것이다. 흉노, 선비, 훈족, 아바르, 불가르, 돌궐, 거란, 몽골 등 어떤 유목민도 일처다부제를 하지는 않았다. 일처다부제를 하는 이유는 주로 인구를 줄이기 위해서이다. 인구를 늘리기 위한 방편인 일부다처제와는 정반대라 할 수 있다.

에프탈족처럼 일처다부제를 했던 집단이 또 있는데, 고대 티베트

서기 5세기에 활동한 에프탈족 왕 라카나의 초상이 들어간 은화.

인들이다. 티베트 고원은 척박하고 황량한 땅이라 많은 인구를 먹여 살릴 수 없었기 때문에, 티베트인들 스스로 인구 조절의 방편으로 일처다부제를 채택했던 것이다.

에프탈족도 같은 이유에서 일처다부제를 택한 것으로 보인다. 중국 기록에 의하면 그들은 원래 알타이 산에 살았다고 했는데, 험준하고 척박한 땅에서 인구를 조절할 필요가 있어서 자연히 일처다부제를 유지했던 것으로 여겨진다.

중국 역사서들에는 에프탈족이 대월지의 일파라고 기록되어 있다. 대월지는 그 기원이 정확히 알려지지 않은 수수께끼의 집단인데, 중국인들은 그들이 색국索國의 일파라고 보았다. 많은 학자들은 '색'을 샤카, 즉 스키타이라고 추측하고 있다. 그렇다면 에프탈족은 백인계 유목민인 스키타이족에서 갈라져 나온 집단이라는 것일까?

확실히 투르크-몽골 계통의 유목민들은 일처다부제를 하지 않았으니, 에프탈족이 스키타이족의 후손이라는 주장도 그럴싸하다.

간다라 불교 유적 파괴의
장본인?
::

에프탈족과 관련하여 세계 학계에서 오랫동안 논란이 되어 온 건 그들이 인도 서북부 간다라 지역의 불교 유적을 파괴했느냐 하는 것이다.

대부분의 서구 학자와 중국의 고전 작가들은 에프탈족이 간다라 지역을 침공했을 때, 현지에서 화려한 번영을 누리고 있던 불교 사원을 파괴하고 승려들을 대량 학살하는 만행을 저질렀다고 본다. 한 예로 중국에서 중앙아시아를 거쳐 인도 북부를 직접 방문했던 승려 현장은 "에프탈족은 간다라 주민들 중 3분의 2를 죽이거나 노예로 삼았고, 많은 불교 사찰을 파괴했다."라고 기록했다.

그러나 이에 반대하는 의견도 있다. 일본 학자들은 에프탈족이 불교 사원을 파괴하고 승려들을 대량 학살했다는 설은 서양 학자들이 불교 유적들의 훼손을 잘못 해석한 결과라고 주장했다. 간다라의 불교 세력은 동서 교역로가 쇠퇴함에 따라 돈과 물자와 사람의 발걸음이 줄어 서서히 쇠퇴했을 뿐, 결코 에프탈족이 불교를 공격하지는 않았다는 것이다.

하지만 역사를 살펴보면 대부분의 유목민은 침공한 지역의 종교 시설과 성직자를 존중하지 않았다. 서기 8세기, 위구르족은 당나라의 수도 장안을 공격하여 불교 사원인 백마사를 불태우고 1만 명의 사람들을 죽였다. 13세기 몽골군은 유럽의 교회와 고려의 황룡사를 아무런 거리낌 없이 파괴했다. 그 밖에 유목민은 아니지만, 아프가니스탄에 근거지를 두고 있던 가즈니 왕조의 무하마드는 인도를 침략해 수많은 불교와 힌두교도들을 죽이고 그들의 사원을 무자비하게 약탈하고 부숴버렸다.

그런데 에프탈족이 그들보다 더 선량한 사람들이어서 불교 사원을 공격하지도 승려들을 죽이지도 않았다는 것일까? 수긍하기 힘든 주장이다. 오히려 불교 사원은 자체 방어력도 약하고 약탈할 물품도 많으니 유목민들에게는 안성맞춤의 공격 대상이 아니었을까?

에프탈족의 신앙에 대해선 관련된 기록이 매우 적어 확실히 알기 힘들다. 다만 서기 520년 바다흐샨(아프가니스탄 동부 지역)을 직접 방문하여 에프탈족들을 본 중국인 승려 송운은 "불교를 믿지 않고 하늘의 신과 불의 신 같은 여러 신들을 섬긴다."라고 적었다. 아마 다른 유목민들처럼 에프탈족도 하늘과 땅, 해와 달 등 자연을 신격화하여 숭배했던 것으로 보인다.

이 밖에 에프탈족은 자체적으로 금화와 은화 등 화폐를 만들어 사용했다. 이는 주변국인 페르시아와 인도의 화폐를 모방한 듯하다.

페르시아와 인도를
침략하다
::

4세기 중엽, 에프탈족은 중앙아시아로 진출했다. 에프탈족의 서진에 놀란 훈족은 그때까지 살고 있던 중앙아시아에서 더욱 먼 서쪽인 유럽으로 이주하는데, 이것이 바로 게르만족의 대이동을 불러오게 된다.

훈족을 몰아내고 중앙아시아를 지배한 에프탈족은 주변 국가들을 복속시키고, 더욱 큰 약탈을 노리기 위해 페르시아와 인도를 넘보았다.

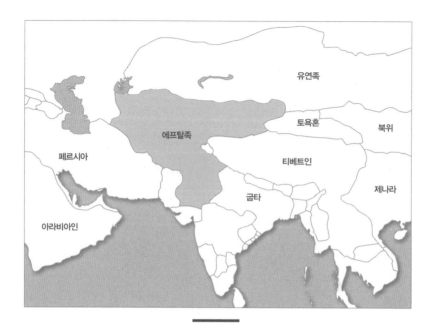

서기 500년 무렵,
최전성기에 달한 에프탈족의 영토를 나타낸 지도.

그중 에프탈은 페르시아를 먼저 노리고, 페르시아의 변방인 박트리아
(현재의 아프가니스탄과 투르크메니스탄 남부)를 공격해 약탈했다. 페르시
아의 주력 부대를 야전으로 끌어내 공격하려는 속셈이었다.

하지만 페르시아는 결코 만만한 상대가 아니었다. 페르시아 황제
바흐람 5세(재위 420~438년)는 에프탈족을 속이기 위해, 코카서스 지역
으로 원정을 간다고 허위 발표를 하면서 몰래 군대를 동쪽으로 이동시
켰고, 메르프에 진을 치고 있던 에프탈족을 기습했다. 페르시아 군대가

먼 서쪽인 코카서스로 간다고 믿고 안심하던 에프탈족은 뜻밖의 역습을 당해 당황했고, 페르시아군과 싸우다 칸마저 전사하는 대패를 당했다. 이 전투에서 받은 타격이 얼마나 컸던지, 그로부터 약 30년 동안 에프탈족은 페르시아 국경 지역에 얼씬도 하지 않았다.

페르시아 방면에서 참패한 에프탈족은 공격의 방향을 남쪽으로 돌려 인도로 향했다. 그 무렵 인도는 하나로 통일된 상태가 아닌, 여러 나라들로 분열되어 혼란스러운 상황이어서 외부의 침략에 제대로 대응할 수가 없었다. 에프탈족은 이런 인도의 약점을 잘 알고, 현재 아프가니스탄의 수도인 카불을 공격했다. 카불에는 서기 375년에 멸망한 쿠샨 왕조의 잔존 세력이 남아 있었는데, 이들은 에프탈족의 공격을 받고 모조리 쓸려 나갔다. 이때가 정확히 언제인지는 알 수 없으나, 대략 436~451년 사이로 추정된다.

카불을 장악한 에프탈족은 힌두쿠시 산맥을 넘어 북부 인도로 마음껏 세력을 펼쳐 나가기 시작했다. 하지만 얼마 못 가 460년 무렵, 인도 북부를 지배하고 있던 굽타 왕조의 쿠마라굽타 왕과 아들인 스칸다굽타 왕에게 패배했다.

굽타 왕조에게 패배한 에프탈족은 다시 페르시아로 눈을 돌려, 지난번의 패배에 대한 앙갚음에 나섰다. 그때 페르시아는 오랜 가뭄으로 인해 온 나라가 피폐한 상태였다. 에프탈족은 페르시아의 동부 변경 지역을 마구 약탈하면서 페르시아를 자극했고, 급기야 페르시아 황제인 피루즈 1세(459~484년)가 직접 대군을 이끌고 그들을 응징하기 위해 나섰다.

하지만 피루즈 1세는 선조인 바흐람 5세보다 운이 없었다. 469년, 에프탈족을 공격하기 위해 원정을 떠난 피루즈 1세는 너무나 어이없게도 에프탈족에게 생포당하고 말았다. 페르시아 황제를 손에 넣은 에프탈족은 그를 이용해 페르시아인들에게 막대한 전쟁 배상금을 요구했고, 황태자인 카바드를 인질로 잡아 두었다. 정확한 액수는 알 수 없으나, 그 양이 굉장히 많았던지 피루즈 1세는 백성들에게 특별 세금을 걷었고, 그래도 액수가 모자라자 적국인 동로마제국에게서까지 돈을 빌려와 에프탈족에게 주었다.

그러나 피루즈 1세가 막대한 돈을 지불했음에도 에프탈족은 카바드를 풀어 주지 않았다. 이에 분노한 피루즈 1세는 다시 군대를 동원하여 자신이 직접 아들 구출에 나섰다. 그러나 안타깝게도 피루즈 1세는 진군 도중 에프탈족의 매복에 걸려 군대와 함께 죽임을 당했다.

만약 이때 에프탈족이 더 강하게 페르시아를 공격했다면 페르시아는 정말로 멸망했을지도 모른다. 하지만 에프탈족은 페르시아를 위협해 돈을 뜯어내는 일에만 몰두했을 뿐, 페르시아 자체를 무너뜨리려고 하지는 않았다. 페르시아가 망해 버리면 자신들도 돈을 받아 내지 못할 것이기 때문이었다.

피루즈 1세가 죽자 그의 동생인 발라쉬가 황제가 되었으나, 곧 페르시아 황실 내에서 권력 다툼이 일어났다. 발라쉬를 반대하는 세력들은 에프탈족에 연락하여, 카바드를 풀어 주면 그가 페르시아 황제가 될 테니 에프탈족에게도 큰 이익이 될 것이라고 설득했다. 그 제안에 솔깃한 에프탈족은 카바드를 석방했고, 풀려난 카바드는 숙부인 발라쉬를 몰아내고 489년, 새로운 페르시아 황제에 올랐다.

에프탈족의 도움으로 황제가 된 카바드는 그들과 우호 관계를 유지했다. 502년과 503년, 카바드는 동로마제국 동부 지역을 공격할 때, 에프탈 칸이 보낸 지원군의 도움을 받아 전쟁을 했다. 아울러 그들에게 매년 많은 양의 공물을 바쳤다. 페르시아로부터 얻은 수익에 만족한 에프탈족은 예전처럼 페르시아를 침공하거나 약탈하지 않았다.

대신 그들은 페르시아보다 더 풍요로운 땅인 인도를 다시 주목했다. 이전에 에프탈족의 침공을 막아 낸 굽타 왕조는 왕위 계승 문제로 내분이 일어나 나라가 둘로 분열된 상태였다. 에프탈 칸 토라마나의 아들 미히라쿠라는 직접 인도 공략에 나서 502년부터 530년까지 인도 서북부 펀자브 지역을 공격해 지배했다. 그는 인도 북부 카슈미르 지역을 정복하고 나서 현지의 불교 세력을 끔찍하게 탄압하고 파괴했다.

기세가 오른 미히라쿠라는 더욱 남쪽인 갠지스 강까지 침략했다가 마가다 왕국의 왕인 발라디티야와의 전투에서 패배하여 생포당했다가 겨우 석방되었다. 그 이후로도 만다수르 왕조의 야소다르만 왕은 533년 미히라쿠라와의 전투에서 승리하여, 그를 포로로 잡고 신하가 되겠다는 맹세를 받아 냈다.

두 번이나 포로가 되는 치욕을 당하고 풀려난 미히라쿠라는 북쪽인 카슈미르로 돌아가서 현지 주민들을 상대로 학살을 저지르던 중 사망했다. 에프탈의 대대적인 인도 공략은 이것으로 사실상 실패했다. 그 뒤로도 606년까지 에프탈의 잔존 세력은 북인도를 침략했으나, 인도 왕들의 강력한 방어에 막혀 번번이 실패하고 말았다.

돌궐과 페르시아의 협공

::

550년대로 접어들면서 유라시아 초원 지대는 거대한 폭풍에 휩싸였다. 멀리 몽골 초원을 통일한 돌궐족이 노도와 같은 기세로 세력을 확장해 오고 있던 것이다.

돌궐이 중앙아시아로 세력을 확장해 가던 556년, 낯선 유목민 부족이 출현했다는 소식을 들은 페르시아는 이들과 동맹을 맺어 에프탈을 무너뜨리기 위한 계획을 세웠다. 매년 공물을 바치던 치욕을 씻을 기회라고 생각한 것이다.

그리하여 페르시아는 돌궐과 밀약을 통해 에프탈의 땅과 백성을 반씩 나누기로 합의하고, 다음 해인 557년에 약속대로 군사 작전에 나섰다. 동서에서 돌궐과 페르시아의 협공이 시작되자 에프탈은 순식간에 무너지고 말았다. 아무다리야 강 동쪽 영토는 돌궐이 차지했고, 서쪽 영토는 페르시아가 손에 넣었다. 에프탈의 칸을 비롯한 지배 계급은 대부분 죽임을 당했고, 일반인들은 돌궐과 페르시아로 끌려가 노예가 되었다. 약 130년 동안 중앙아시아를 지배하면서 페르시아와 인도를 위협했던 강력한 유목민 에프탈족은 이렇게 어이없이 몰락했다.

에프탈이 소멸된 이후, 돌궐과 페르시아의 지배를 피해 살아남은 잔여 세력이 어떻게 되었는지는 정확히 알려져 있지 않다. 다만 그들이 멀리 서쪽인 유럽으로 달아나 아바르족이 되었다는 설이 있으며, 인도 서북부 펀자브 지역에 정착하여 현지 주민들에 동화되었다는 추정도 있다.

서기 6세기 중엽, 훈족은 유럽에서 자취를 감추었다. 훈족이 사라지자 새로운 유목민이 등장했다. 그들은 바로 아바르족Avar이었다.

아바르족은 명성이나 활약상에서 그들의 선배 격인 훈족에 마치지 못했지만, 훈족에 비해 더 오랜 기간 존속했다. 그리고 한때 이들은 페르시아의 사산 왕조와 손잡고, 비잔티움 제국을 멸망 직전까지 몰고 가는 등 유럽을 공포에 떨게 한 적도 있었다.

아바르족

비잔티움 제국을 위협한 초원의 전사들

유연의 잔당? 아니면 에프탈?

::

아바르족과 관련된 가장 큰 의문은 이들이 과연 555년에 돌궐(투르크)에게 멸망한 유연족의 후손이 맞는지에 관한 것이다. 훈족이 흉노의 후손인지 아닌지를 놓고 세계의 학자들이 벌였던 논쟁과 비슷하다고 할 수 있다.

아바르족이 서양 역사에 처음 나타나는 시점은 그들이 동로마제국의 수도인 콘스탄티노플에 사신을 보낸 557년부터다. 그런데 동양에서 유연족이 돌궐에 의해 멸망한 때는 2년 전인 555년이다. 불과 2년 만에 중국 북부에서 머나먼 동유럽까지 이주하는 일이 가능할까? 기병만으로 구성된 몽골 칭기즈칸의 군대가 2년 만에 페르시아에서 동유럽까지 주파한 적도 있으니 꼭 불가능하지도 않지만, 어째 좀 미심쩍다.

아바르족이 구체적으로 어떤 집단이었는지는 아직도 명확히 밝혀진 게 없다. 다만 575년(혹은 576년), 동로마의 사신인 발렌티노스를 만난 서돌궐의 타르두 칸이 "우리는 그 비천한 노예(아바르족)들을 상대하는 데 칼이 아닌 말발굽을 써서 개미처럼 짓밟아 버릴 것이다."라고 말한 것으로 보아, 돌궐족은 아바르족에게 매우 강렬한 적개심을 갖고 있던 것으로 보인다.

아바르족이 557년 돌궐과 페르시아에게 멸망당한 에프탈족의 잔당이라는 설도 있다. 유연족이 활동하던 몽골 초원보다 에프탈족이 살던 중앙아시아가 동유럽에 더 가까우니 차라리 이쪽이 더 설득력 있지만 역시 추측일 뿐이다.

아바르족은 어떤 사람들이었을까?
::

그렇다면 아바르족은 대체 어떻게 생겼고 어떻게 생활했을까? 그들과 자주 접촉을 가진 비잔티움(동로마) 측의 문헌 기록들을 보면, 아바르족의 외모나 문화, 관습 등을 엿볼 수 있다.

아바르족은 뒤통수의 머리카락을 두 갈래로 땋아 아래로 늘어뜨렸다. 북아시아 초원 유목민 특유의 변발 문화인데, 훗날 만주족이 머리카락을 거의 대머리에 가깝게 밀어 버렸던 것에 비하면 머리카락을 상당히 많이 남겨 둔 편이었다.

그들은 기본적으로 유목민이라

알바니아에서 발견된 금잔. 6세기 무렵에 아바르족이 만든 것으로 추정된다.

이동 생활을 했지만, 유럽으로 이주하고 나서는 통나무집을 짓고 정주 생활을 하기도 했다. 흉노족이 온돌을 깐 집을 짓고, 훈족도 통나무집을 지었던 것처럼 유목민도 경우에 따라서는 얼마든지 정주 방식을 택할 수 있었다.

유목민인 아바르족의 주식은 고기와 유제품이었을 것이다. 하지만 슬라브족 농민들에게 농사를 지어 수확물을 바치라고 강요했다는 기록이 있는 것을 보면, 고기를 주로 먹으면서 곡물이나 채소, 과일을 곁들여 먹었을 것으로 추정된다.

아바르족의 핵심을 이루는 집단은 황인종이었을까, 아니면 백인종이었을까?

이에 대해서는 아바르족의 얼굴을 자세히 묘사한 그림이나 역사서가 드물어 쉽게 결론을 내릴 수 없다. 다만, 비잔티움 역사서에 '바얀'이라는 아바르족 군주가 있다고 기록되어 있다. '바얀'은 몽골어로 '부유하다'는 뜻이며, 13세기 원나라 쿠빌라이 칸을 섬겼던 몽골인 장군 바얀을 떠올린다면, 철저한 몽골식 이름이다.

그렇다면 아바르족의 칸 바얀도 몽골 계통의 사람이라고 추정해 볼 수 있다. 아바르족 사회에서 권력의 핵심을 이루는 중추적인 집단은 따로 있었을 테니, 그들이 바로 몽골 계통의 유목민이라고 추정해 볼 수도 있다.

한편 동로마 황제 마우리키우스는 자신의 저서 《전술학》에서 아바르족의 생활 방식은 훈족과 같았고, 그들은 훈족과 한 종족이나 다름없었다고 기록했다. 동로마인의 눈에 아바르족은 이름만 달리한 훈족으로 보였던 것이다.

다른 유목민들처럼 아바르족의 주요 무기도 활과 화살이었다. 화살촉은 기본적으로 쇠였으나, 쇠가 부족하면 소 같은 가축의 뼈로 만들기도 했다. 참고로 소뼈는 상당히 딱딱하다.

활 이외에도 아바르족은 칼과 창을 활용했다. 아바르족의 칼은 일직선으로 곧게 뻗은 형태였다. 유목민, 하면 으레 반달처럼 휘어진 칼만 떠올리는데, 그런 형태의 곡도는 9~10세기 이후 투르크인들이 만든 것이며, 그 이전까지는 유목민들도 직선 형태의 검을 사용했다. 아바르족의 창은 그들의 적수인 비잔티움 군인들도 사용했는데, 창 자루에 끈이 달려 손목에 좀 더 강하게 고정시킬 수 있었으며, 특이하게도 창 머리 뒤에 길고 좁은 삼각 깃발이 달려 있었다고 한다. 아마 창을 들고 적을 향해 돌격하는 동안, 공기의 흐름을 타고 창의 무게를 가볍게 하려는 의도였을 것이다.

이 밖에 아바르족은 등자도 사용했다. 기수가 말에 더욱 쉽게 올라탈 수 있게 하고, 두 발의 무게중심을 더 편하게 잡도록 도와주는 장치인 등자는 기병들의 전투력을 증진하는 데 중요한 역할을 했다. 등자가 생김으로써 기수들은 말 위에서 균형을 더 쉽게 잡고 더 오래 버틸 수 있게 되었다.

아바르족은 가볍게 무장한 기병들이 멀리서 적을 향해 화살을 퍼붓는 기사騎射를 주요 전술로 삼았다. 그리고 경우에 따라서는 쇠미늘 갑옷을 입은 중기병이 적을 향해 돌격하는 전술도 구사했다. 아바르족 군대에는 기병뿐 아니라 보병들도 있었는데, 주로 아바르족에게 복속된 다른 민족인 슬라브족과 불가르족으로 이루어졌다. 아바르족은 전투를 할 때면 그들을 보병뿐 아니라 공성을 하는 공병으로도 활용했다.

아바르족의 종교는 조상과 자연을 숭배하는 샤머니즘이었다. 다만 주변 국가인 프랑크나 비잔티움의 영향을 받아 일부는 기독교를 믿기도 했을 것이다.

슬라브족을 지배하고
비잔티움을 위협하다
∷

아바르족이 유럽에 처음 모습을 나타낸 때는 557년, 비잔티움의 유스티니아누스 황제에게 '칸디흐'라는 사신을 보내 땅과 공물을 요구하면서부터였다. 아바르족의 요구에 유스티니아누스는 돈 강 하구에 살던 훈누구르족과 아조프 해 서북쪽의 쿠트리구르, 우투르구르 부족을 정복하면, 그들이 살던 곳을 아바르족의 영토로 인정하겠다고 제안했다. 돌아온 칸디흐를 통해 그 말을 전해 들은 아바르족은 곧바로 행동에 나서 세 집단을 공격해 자신들에게 복속시켰다.

3년 후인 560년, 아바르족은 더욱 대담해져 지금의 모스크바 근처에 살던 세 슬라브 부족인 안테(안타스), 슬로벤, 웬드족을 공격하여 굴복시켰다. 슬라브족은 훗날 러시아, 우크라이나, 폴란드, 슬로바키아, 세르비아, 크로아티아 등 동유럽 국가들을 세우는데, 서기 6세기에는 아바르족의 지배를 받았던 것이다.

아바르족은 슬라브족들을 강압적으로 지배했는데, 역사가 멜빈 C. 웨른Melvin C. Wren은 자신은 저서《러시아 역사의 진행The Course of Russian History》에 "아바르족은 슬라브족에게 농사를 짓게 했으며, 슬라브족 여자들을 나체 상태로 마차를 끌게 했다."라고 기록했다.

그리고 7세기 말, 프랑크 왕국의 역사가인 프레데가리우스는 이런 기록을 남겼다.

아바르족은 슬라브족에게 전투를 맡겼으며, 자신들은 전투 대형을 한 채로 야영을 했다. 겨울을 날 때에도 슬라브족에게 경비를 맡기고 자신들은 가족들과 잠을 잤다. 또한 슬라브족에게 많은 양의 공물을 바치게 하고 힘든 일은 모두 그들에게 떠넘겼다.

현실이 이러니 아바르족에 대한 슬라브족의 불만과 분노가 매우 커졌고, 할 수만 있으면 아바르족의 속박에서 벗어나고 싶었을 것이다. 그러나 슬라브족은 한동안 아바르족의 지배를 받을 수밖에 없었다. 아바르족은 슬라브족이 갖지 못한 뛰어난 기병 전술을 바탕으로 우수한 군사력을 구축하고 있었기 때문이다. 그에 반해 대부분의 슬라브족들은 말을 타지 못했고 구두가 아닌 발싸개를 발에 두르고 걸어 다니며 보병으로 싸웠다. 그들은 갑옷도 없이 방패와 투구만 들었으며, 창 세 자루와 도끼 하나가 무기의 전부일 정도로 가난하고 빈약했다.

그리고 이 무렵, 아바르족은 투르크계 민족인 불가르족도 굴복시 켰다. 그들은 원래 지금의 우랄 산맥 서쪽에 살던 유목민이었는데, 아바 르족의 압력을 받자 한 패는 그들의 지배하에 들어갔으며, 다른 한 패 는 멀리 서남쪽으로 이주하여 지금의 불가리아 땅에 정착, 불가리아를 세웠다. 하지만 서남쪽으로 도망친 불가르족도 582년 무렵에는 아바르 족에게 복속당하고 말았다. 물론 그들의 지배 강도는 슬라브족보다는

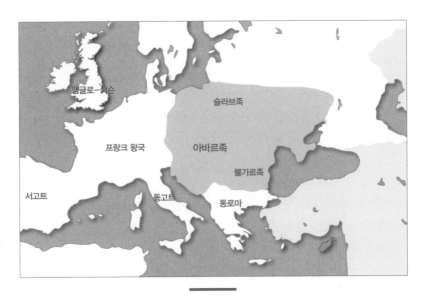

서기 600년, 아바르족의 최전성기를 나타낸 지도. 오늘날을 기준으로 아바르족의 영역은 북쪽은 리투 아니아와 러시아, 서쪽은 오스트리아와 폴란드, 남쪽은 세르비아와 불가리아, 동쪽은 우크라이나에 이 르렀을 정도로 광대했다.

덜했다. 불가르족은 아바르족의 속국이라기보다는 동맹에 더 가까웠다.

562년, 아바르족은 지금의 오스트리아 지역을 지배하던 프랑크족 족장인 시게베르트와 싸웠으나 참패를 당해 본거지인 우크라이나로 철수했다. 하지만 아바르족의 기세는 꺾이지 않았다. 565년, 모든 아바르족을 다스리는 칸이 된 강력한 군주 바얀은 판노니아에 살던 게르만 부족 롬바르드인들과 손을 잡고 다른 게르만 부족인 게피다이족을 공격해 철저히 무너뜨렸다. 옛날 훈족의 근거지였던 판노니아는 이제 또 다른 유목민인 아바르족의 수중에 들어가게 되었다.

아바르족의 계속되는 흥성을 보고 있던 비잔티움 제국은 그들이 잠재적인 위협 세력이 될까 불안해했다. 비잔티움은 아바르족에 대한 첩보를 수집하고 그들의 전략과 전술을 분석하기 시작했다. 앞서 말한 비잔티움 황제 마우리키우스가 《전술론》에서 아바르족을 언급한 것도 이 무렵이다. 그는 아바르족을 다음과 같이 평가했다.

아바르족은 투르크족과 더불어 모든 스키타이 국가(유목 민족) 중에서 가장 강력하고 교활하다. 특히 아바르족은 정면 승부와 전면전을 피하고, 매복이나 기습, 거짓 후퇴를 즐겨 사용한다. 그들은 적이 도망치면 끝까지 쫓아가 악착같이 죽이고 파멸시킨다.

비잔티움의 불길한 예감은 들어맞았다. 568년부터 바얀은 비잔티움의 영토인 달마티아를 공격했다. 이에 비잔티움 제국은 즉각 응전하여 티베리우스 장군을 보내 맞서 싸우게 했다. 그러나 3년 동안의 전쟁에서 비잔티움 제국은 아바르족을 몰아내지 못했다. 그래서 일단 8만 개의 은괴를 아바르족에게 보내 휴전을 맺었다. 아바르족으로서는 단순한 약탈보다 훨씬 큰 수확이었고, 비잔티움 제국으로서는 크게 체면이 꺾인 일이었다.

막대한 양의 은을 얻어 낸 아바르족은 서쪽으로 공격 방향을 돌려 570년, 다시 시게베르트가 이끄는 프랑크족 무리와 싸워 이겼다. 그런 다음 불가리아 북부 지방을 공격해 신기두눔과 안키알루스를 손에 넣었다. 581년에는 비잔티움의 도시인 시르미움을 함락시켰고, 도나우 강변의 비잔티움 요새들을 잇달아 점령해 나갔다. 584년, 동로마 황제 마우리키우스는 바얀에게 휴전의 대가로 황금 침대와 코끼리 한 마리를 선물로 주겠다고 했으나, 바얀은 이를 거부하고 대신 은 조각 10만 개를 요구했다. 결국 마우리키우스는 그 조건을 받아들일 수밖에 없었다.

하지만 아바르족은 공격을 멈추지 않았다. 587년 바얀은 아드리아노플을 건드렸다가 비잔티움 군대에게 패배했고, 2년 후에는 군대를 재정비하여 안키알루스를 손에 넣고 트라키아(불가리아) 지역을 무자비하게 약탈해 1만 2000명의 포로를 잡았다. 바얀은 마우리키우스에게 포로들을 돌려받는 대가로 몸값을 달라고 요구했으나, 잇따른 재정 악화에 줄 돈이 없던 마우리키우스가 그 제안을 거절하자, 포로들을 모조리 죽여 버렸다.

그러나 아바르족이 계속 전횡을 부리지는 못했다. 601년, 비잔티움 제국의 탁월한 장군인 프리스쿠스가 대군을 이끌고 다뉴브 강의 지류인 티소 강가에서 아바르족과 격전을 벌여, 바얀의 네 아들을 포함한 수많은 아바르 군사들을 전사시켰기 때문이다. 이 전투가 끝난 지 1년 후인 602년에 바얀도 죽고 말았는데, 티소 강가 전투에서 입은 부상 때문이었을 것이다.

이 패배로 말미암아 승승장구해오던 아바르족은 큰 타격을 입었다. 동서고금을 막론하고 모든 제국을 지탱하게 해주는 근본 동력은 바로 강한 힘이다. 따라서 패배의 치욕을 빨리 갚지 않으면 제국 내의 다른 피지배 집단들은 제국을 나약하게 보고 더 이상 복종하지 않게 된다. 만약 이 상태에서 비잔티움이 더 거세게 아바르족을 몰아붙였다면, 아바르족의 패권은 곧바로 붕괴되었을 것이다.

그런데 비잔티움 제국의 새 황제 포카스는 군사적 압박 정책을 포기하고, 아바르족에게 많은 공물을 보내 주어 평화 협상을 맺었다. 당시 비잔티움은 동쪽 국경에서 페르시아 제국의 침공에 시달리는 중이라, 동시에 두 곳의 전선을 만들기가 어려웠다. 그래서 급한 대로 아바르족에게 공물을 주고 화친을 맺었던 것이다. 뜻밖의 기회로 인해 아바르족은 패배의 충격에서 벗어나 서서히 회복하기 시작했다.

여기에 또 하나의 행운이 찾아왔는데, 페르시아 황제 호스로 2세가 아바르족에게 은밀히 사신을 보내 자신들은 동쪽에서, 아바르족은 서쪽에서 각자 비잔티움을 협공하여 제국을 멸망시키고 그 남은 영토와 재물과 백성을 모두 나눠 갖자고 제안한 것이다.

페르시아 황제 호스로 2세의 초상이 새겨진 은화.

이 말에, 죽은 바얀의 뒤를 이어 새로 왕위에 오른 아바르족의 칸은 흔쾌히 동의하고, 페르시아와 동맹을 맺어 비잔티움에 대한 공격에 나섰다. 608년, 아바르족은 슬라브족 병사들까지 포함된 대군을 이끌고 발칸 반도를 침공하여 가는 곳마다 약탈과 파괴, 방화를 일삼았다. 2년 후인 610년에는 아바르족의 군대가 이탈리아 동북부 프리울리를 함락시켰다.

619년에 접어들자 비잔티움 제국은 크나큰 위기에 직면했다. 중동과 이집트를 모두 페르시아에게 빼앗겼고, 트라키아와 그리스는 아바르족과 슬라브족의 차지가 되었기 때문이었다. 특히 이집트와 트라키아는 풍부한 곡물 생산지였는데, 이 두 지역이 모두 적의 손에 들어가자 비잔티움 백성들은 당장 굶주림에 허덕이게 되었다.

그래서 비잔티움의 헤라클리우스 황제는 트라키아에서 아바르족 칸과 만나 평화 회담을 가졌으나, 아바르 칸은 병사들을 매복시켜 황제를 사로잡고 그를 인질로 앞세워 곧바로 콘스탄티노플로 쳐들어가려는 계획을 세웠다. 간발의 차이로 헤라클리우스는 콘스탄티노플로 피신했고, 그로 인해 아바르족의 계획은 실패로 돌아갔다.

그러나 아바르족의 기세는 수그러들지 않았다. 626년 6월 29일, 아바르족은 페르시아와 긴밀히 협력하여 서쪽과 동쪽에서 비잔티움을 나란히 협공하자고 약속했다. 그리고 6월 31일, 아바르족은 게피다이족과 불가르족, 슬라브족까지 포함된 무려 8만 명의 대군을 이끌고 콘스탄티노플 외곽에 도착했다. 이 정도의 병력이면 아바르족은 그들의 영토 내에서 동원할 수 있는 거의 모든 병사들을 끌고 나왔다고 봐야 할 것이다.

아바르족의 강압적인 지배에 불만을 품었을 복속민들이 이토록 많이 참전한 이유는 아마도 아바르족이 콘스탄티노플을 함락시키고 얻을 엄청난 양의 재물을 언급하며 유혹했기 때문일 것이다. 그렇게 다민족으로 구성된 아바르 군대는 10km의 성벽을 철저히 포위하고, 바다에는 통나무를 파서 만든 배들을 띄워 유사시에 군대를 바다로 실어 나를 준비까지 마친 상태였다. 여기에 아바르족은 바퀴가 달려 운반하기 편한 투석기까지 가져와 만반의 준비를 다했다.

그런데 투석기에 바위를 실어 성벽을 향해 아무리 많이 날려 보내도, 콘스탄티노플 성벽은 좀처럼 무너지지 않았다. 투석기뿐 아니라 궁수 부대를 동원해 화살을 퍼붓기도 했지만, 비잔티움 수비군은 거세게 저항했다. 멀쩡한 성벽과 수비군을 보면서 아바르 군대는 차츰 조바심을 내기 시작했다.

콘스탄티노플의 삼중 성벽. 유럽인들을 공포에 떨게 하던 훈족의 왕 아틸라도, 8만의 대군을 동원한 아바르족도 이 성벽을 넘거나 뚫지 못하고 콘스탄티노플을 포기해야 했다.

게다가 아바르족이 믿었던 페르시아의 대군은 아무리 기다려도 오지 않았다. 이 무렵 페르시아의 주력 부대는 비잔티움 황제 헤라클리우스와 싸우느라 발이 묶여 있었다. 그리고 아바르족을 돕기 위해 미리 소아시아 반도로 파견된 페르시아 군대의 선발대는 그들을 실어 나를 아바르족의 배들이 모조리 비잔티움 해군에게 격침당하는 바람에 오고 싶어도 올 수가 없었다.

한 달이 넘도록 도시를 둘러싸고 투석기를 비롯하여 온갖 공격을 퍼부었으나, 도무지 함락될 기미가 보이지 않자 아바르 군대에 소속된 슬라브족과 불가르족은 낙담했다. 거기에 동맹인 페르시아군마저 수송

선단이 몽땅 전멸당해 도와줄 수 없다는 소식이 들리자, 아바르족도 동요하기 시작했다.

8월 8일 아침, 불안과 혼란이 가중되는 상황에서 불가르족과 슬라브족은 아바르족에게 알리지 않은 채 독자적으로 철수하기 시작했다. 아바르족이 철수하는 슬라브족 보병들을 쫓아가 죽였지만, 그들의 탈주를 막을 수는 없었다. 곧이어 게피다이족과 다른 복속민 및 동맹 부족들도 전부 빠져나가자, 아바르족도 끝내 철수할 수밖에 없었다.

샤를마뉴의 신하로 전락

∵

콘스탄티노플 공략의 실패로 아바르족의 위세는 걷잡을 수 없이 추락했다. 슬라브족은 더 이상 아바르족에게 굴복하지 않았으며, 동맹이었던 불가르족은 자신들의 지도자 쿠브라트가 불가르족은 물론 아바르족까지 포함한 연맹의 새로운 칸이 되어야 한다고 주장하기에 이르렀다. 이 요구는 받아들여지지 않았으나, 불가르족은 아바르족과의 동맹을 끊고 트라키아로 이탈하여 독자적인 나라 불가르 왕국을 세웠다.

그 밖에 게피다이 같은 다른 복속민들도 아바르족의 수중을 떠나 이탈리아로 이주했다. 그리하여 아바르족의 힘은 콘스탄티노플 공략 이전보다 훨씬 약해져 버렸다. 동맹자와 복속민들이 모두 떨어져 나갔으니 군사 동원력이 줄어든 것이었다. 약소 세력으로 전락한 아바르족은 헝가리 평원에 근거지를 둔 상태로 조용히 활동했다. 하지만 이전의 영광에 비하면 초라할 뿐이었다.

그러던 788년, 드디어 아바르족에게 종말이 찾아왔다. 프랑크 왕국의 군주 샤를마뉴가 이탈리아를 침략하던 아바르족과 싸우면서, 그들을 적으로 간주하고 전쟁에 착수했던 것이다. 샤를마뉴가 이끈 프랑크 군대의 주력 부대는 갑옷을 입고 긴 창과 칼로 싸우는 중무장 기병이었다. 경무장 기병이 주력이었던 아바르족과는 정반대였다.

791년 8월, 샤를마뉴는 자신이 군대를 이끌고 다뉴브 강을 건너 아바르족이 만든 쿠메오베르크 요새를 공격했다. 아바르족은 프랑크 군대에 맞서 수비전을 벌이려 했으나, 중무장한 프랑크군을 상대로 백병전을 벌였다가는 경무장을 한 자신들이 불리하다고 생각해서, 싸워 보지도 않은 채 요새를 버리고 도망쳤다. 이어 795년과 796년, 샤를마뉴의 아들 피핀은 아바르족이 판노니아에 만든 도시인 링을 공략한 끝에 함락시켰으며, 아바르인들이 200년에 걸쳐 약탈로 축적한 막대한 양의 재물을 모조리 빼앗았다.

아바르족 지도자인 조단은 803년, 프랑크 왕국의 수도 아헨을 방문하여 자신과 자신을 따르는 아바르 부족들이 샤를마뉴의 신하임을 인정했다. 805년에는 기독교 세례를 받아 테오도르라는 이름을 가진 아바르 칸이 샤를마뉴의 지배권을 받아들이고, 그의 신하로서 아바르 부족을 다스렸다. 나중에 테오도르는 판노니아 서부로 이주했고, 모든 아바르족은 기독교로 개종하여 프랑크 왕국에 동화되었다. 그들이 버리고 떠난 빈자리는 슬라브족과 불가르족이 서로 나눠 가졌다.

　한때 두 민족을 속국이자 동맹자로 거느렸던 아바르족은 이렇게 250년의 역사를 뒤로한 채, 결국 소멸되고 말았다.

동북아시아의 사라진 민족들

지금도 우린 가을을 가리켜 '천고마비天高馬肥의 계절'이라고 표현한다. 해석하면 '하늘은 높고, 말은 살찐다'는 뜻이다. 마치 가을의 정취를 아름답게 비유한 말인 것 같다.

그러나 이 말의 어원을 알고 보면 전혀 낭만적이지 않다. 천고마비는 원래 '추고새마비秋高塞馬肥'라 하여, 고대 중국의 역사서인 《한서漢書》에 실린 말인데, 뒷부분에 이런 내용이 들어가 있다.

하늘이 높고 말이 살찌면, 북방에서 흉노족이 쳐들어와 살인과 약탈을 일삼는다. 가을은 흉노족匈奴族이 타는 말들이 살찌고 건강해지는 계절이기 때문에,

즉, 중국인들에게 '천고마비의 계절'은 아름다운 낭만이 아니라, 전쟁이 일어나던 공포의 시기였던 것이다. 그렇다면 중국인들을 두렵게 만들었던 흉노족은 대체 어떤 집단이었을까?

흉노족

북아시아
초원의 맹주

초원을 달린 몽골족의 조상

::

원래 흉노는 지금의 몽골 초원에서 소와 말, 양과 낙타 같은 가축들을 키우며 물과 풀을 따라 이동하는 유목민이었다. 이들은 기원전 4세기부터 중국인과 접촉하면서 중국 역사서에 관련 기록이 나타나기 시작한다.

사마천은 《사기》에서 흉노족이 고대 중국 하夏나라의 후손이라고 적었으나, 이는 《사기》의 다른 내용과 모순된다. 《사기》의 다른 부분을 보면 대신 한안국이 한무제(BC 156~87)에 올리는 상소에서 "아득한 옛 날부터 (흉노족을) 우리 백성으로 취급하지 않았습니다."라고 했다. 다른 대신 주보언이 한무제에게 바치는 상소에서도 "하나라 시대부터 흉노족에게 세금을 거두지 않았고, 짐승처럼 여기며 사람으로 취급하지 않았습니다."라고 했다. 만일 중국인들이 정말로 흉노족을 하나라의 후손이라고 생각했다면 이런 말을 했을 리가 없다.

또한 훈족 편에서 서술했듯이 '흉노匈奴'라는 이름도 풀이하면 '흉악한匈 노비奴'라는 뜻인데, 정말로 흉노족들이 스스로를 그렇게 비하해서 불렀을 리도 없다. 다분히 흉노족과 오랫동안 싸워 온 중국인들이 일부러 그들을 폄하하기 위해 썼을 것이다.

흉노족은 춘추전국시대 중국의 북방을 자주 침범해서 사람을 납치하고 가축과 재물들을 끌고 가는 등 약탈을 일삼았다. 그래서 진나라와 조나라, 연나라 등 흉노와 국경을 마주하고 있는 나라들은 저마다 장성을 쌓아 흉노의 침략에 대비했다. 흔히 알고 있는 통설과는 달리, 만리장성이 있기 전에도 중국의 북방에는 여러 나라들이 쌓은 장성들이 있었다. 다만 진시황은 그것들을 하나로 연결하여 더욱 규모를 늘린 만리장성을 만들었던 것뿐이다.

훗날 탁발선비족, 거란족, 여진족, 몽골족, 만주족 등은 중국을 정복해 직접 지배를 한 데 반해, 흉노족은 중국을 대상으로 침입과 약탈만을 했을 뿐, 중국인들을 정복해서 나라를 세우지는 못했다. 흉노족은 그저 중국을 상대로 물자를 받아 내는 것에 만족했을 수도 있고, 중국을 정복하여 통치할 능력이 없던 것일 수도 있다.

기원전 221년, 진나라 왕 영정이 중국을 통일하고 스스로를 진시황이라 칭하자 흉노는 위기에 몰렸다. 진시황은 "호胡가 진나라를 망하게 한다."라는 예언을 믿었는데, 그 '호'가 오랑캐, 즉 흉노족이라고 믿어서 30만 대군을 동원해 흉노족을 공격했다. 통일 전쟁에서 풍부한 경험을 쌓은 진나라 군대는 순식간에 흉노족을 밀어냈고, 흉노족은 진나라군의 공세를 피해 북쪽으로 달아났다.

하지만 진시황은 209년 사망했으며, 그가 죽은 지 얼마 안 되어 중국은 항우와 유방 등 각 군벌들의 내란이 일어나 대혼란에 빠졌다. 그래서 흉노족에게 가해지던 압박은 얼마 안 가 약화되었다.

중국의 내란과 더불어 흉노족 내부에서도 권력 다툼이 벌어졌다. 흉노의 군주인 두만선우頭曼單于는 첩이 낳은 아들을 후계자로 삼고 적자인 모돈冒頓을 죽이려 했는데, 이에 불만을 품은 모돈은 아버지와 첩과 배다른 동생 및 그들을 편든 모든 신하들을 죽이고 자신이 직접 선우가 되었다.

참고로 흉노의 군주는 '선우'라고 불렸는데, 원래 이름은 당리고도선우撑犁孤塗單于라고 한다. 이 말을 현대 몽골 학자들은 '텡그리 쿠투 선우', 즉 '하늘의 아들인 선우'라고 해석하고 있다. 텡그리는 몽골족과 투르크족 계통의 유목민들이 숭배하는 하늘의 신이다.

그리고 현대 몽골 학자들은 '모돈'이 오늘날 몽골어에서 '용사'나 '영웅'을 뜻하는 단어인 '바토르'를 한자로 옮긴 것이라고 주장한다. 이 바토르는 13세기 몽골의 유라시아 정복 때, 멀리 러시아와 중앙아시아, 인도에까지 널리 퍼졌다. 그 예로 러시아어의 '보가트리', 인도 및 중앙아시아에서 쓰이는 '바하두르' 역시 몽골어 '바토르'에서 유래한 것이다. 14세기 말, 고려의 장수 이성계는 왜장 아기발도를 사살했는데, 그 왜장의 이름 뒤에 붙은 '발도' 역

흉노족이 사용한 황금 왕관.

시 몽골어 '바토르'를 한자로 옮긴 표현이다. 즉, 몽골어 바토르는 흉노 시대 '모돈'에서 그 유래가 보일 만큼 오래된 말이며, 그런 면에서 몽골 족은 흉노족의 후손이라고 봐도 무방할 것이다.

흉노의 영걸, 모돈선우
::

비록 가족을 죽이고 왕위에 올랐지만 모돈선우는 뛰어난 영웅이었다. 그는 흉노를 위협하던 주변 강대국인 동호족과 월지족을 무너뜨리고, 동투르키스탄(중국 신강 위구르 자치구)의 작은 나라들 26개와 바이칼 호수에 살던 정령족까지 항복시켰다.

모돈선우가 동호족을 굴복시킨 일과 관련하여 사마천은 《사기》에 흥미로운 일화를 남겼다. 원래 동호족은 지금의 내몽골과 만주 서쪽에 살던 유목민으로 흉노족보다 더 강력해서 이들을 깔보고 있었는데, 모돈이 선우가 되었다는 소식을 들은 동호족의 왕은 사신을 보내 "흉노의 미녀와 훌륭한 말을 달라."라고 요구했다. 이 요구에 모돈은 신하들의 반대를 무릅쓰고 "나라 사이에 어찌 여자 한 명과 말 한 마리를 아끼겠는가?"라고 하면서 동호의 요구대로 미녀와 훌륭한 말을 보내 주었다.

그러자 동호족은 흉노족이 자신들을 두려워한다고 여겨 더욱 오만해져서, 다시 사신을 보내 이번에는 "흉노족과 우리의 경계 사이에 있는 빈 땅을 모두 우리에게 넘겨 달라."라고 요구했다. 그 말을 들은 모돈선우는 크게 분노하여 "땅은 나라의 근본인데 어찌 남에게 줄 수 있느냐!"라고 외치면서 나라 안의 모든 병사들을 동원하여 동호족을 공격했다. 흉노족을 깔보며 방심하고 있던 동호족은 불시에 들이닥친 흉노족의 기습에 왕을 포함한 수많은 부족민들이 죽임을 당하고 가축들을 약탈당하는 치명타를 입었다.

이때 흉노족의 침략을 피해 간신히 목숨을 건진 동호족들은 멀리 동쪽으로 도망쳤는데, 그들이 나중에 선비족과 오환족이 되었다. 도망치지 못하고 흉노족에게 사로잡힌 동호족들은 흉노의 노예로 전락했다.

모돈선우가 공격한 월지족은 '색塞'이라고도 불렸는데, 중국과 일본의 학자들은 '색'이라는 말이 '사카' 즉 '스키타이'에서 유래했다고 추정하고 있다. 스키타이는 멀리 동유럽에서 중국 서북부에 이르기까지 넓게 분포하고 있던 유목민인데, 페르시아 제국이나 알렉산드로스 대왕과도 싸웠을 정도로 막강한 힘을 갖고 있었다. 예전에 모돈선우는 아버지의 강압에 의해 어쩔 수 없이 월지족의 인질로 잡혀 있다가 탈출한 적이 있었는데, 그 때문인지 월지족은 흉노족을 얕잡아 보고 있었다. 그러다 모돈선우의 공격을 받자 큰 타격을 입고 멀리 서쪽인 중앙아시아로 달아났다. 나중에 월지족은 인도 북부로 이주하여 쿠샨 왕조를 세우게 된다.

모돈선우가 세운 가장 큰 업적은 중국 한나라의 창시자인 유방을 굴복시킨 일이었다. 모돈선우가 자립했을 무렵인 기원전 202년, 유방은 경쟁자인 항우를 없애고 중국을 통일했다. 그가 세운 한나라는 오랫동

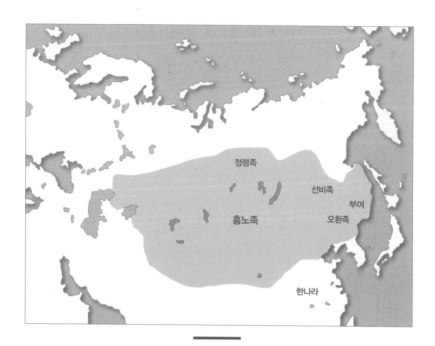

정령족

선비족

부여

흉노족

오환족

한나라

흉노족의 최대 세력권을 나타낸 지도. 다소 과장되었으나, 흉노가 전성기에 얼마나 넓은 지역에 영향력을 미치고 있었는지를 알 수 있게 한다.

안 존속하며 이후 중국 문명의 기틀을 다졌다.

하지만 초기의 한나라는 흉노족의 위협에 크게 시달렸는데, 중국을 통일한 노련한 장수인 유방도 흉노족을 이기지는 못했다. 기원전 200년, 유방은 자신이 직접 32만의 대군을 이끌고 흉노족을 공격하러 원정을 갔으나, 오히려 모돈이 지휘한 40만 대군에 7일 동안이나 포위당해 위기에 몰렸다.

흉노의 포위망에 갇힌 유방과 한나라 군대는 보급로가 끊겨 배고

픔에 허덕였는데, 목숨을 건지기 위해 어쩔 수 없이 모돈에게 매년 막대한 양의 비단과 차, 곡식 등의 공물을 바치고, 공주를 시집보내겠다는 조건을 내건 끝에 간신히 살아나갈 수 있었다.

이리하여 모돈선우는 동서남북의 인근 세력들을 모조리 제압하여 흉노의 전성기를 열었으며, 그가 이룩한 흉노의 영토와 세력권은 동으로 만주 서부, 서로는 카스피 해, 남으로는 만리장성, 북으로는 시베리아에 이르는 실로 광대한 지역까지 뻗어나갔다.

하늘과 땅과 조상을 숭배한 민족

::

일반적으로 흉노족은 일정한 거처 없이 풀과 물을 따라 떠도는 유목민으로 알려져 있다. 사마천도《사기》에서 흉노족은 성곽을 쌓지 않았고, 오늘날 몽골인들도 쓰고 있는 형태의 이동식 가옥에서 살았다고 기록했다. 그러나 몽골 초원에서 발굴되는 흉노 시대의 유적지에서는 고정된 거주지의 흔적이 발견되며, 심지어는 온돌의 흔적까지 나온 적이 있다.(옥저 편에서 설명) 다만 이런 흔적들은 흉노족의 것이라기보다는 그들에게 포로로 잡혀 온 민족들이 살았던 시설인 듯하다.

흉노족은 문자가 없었으나 한나라에 글자가 적힌 서신을 보냈다는 기록이 있는 것을 보면, 문서를 보낼 때 주로 한자를 빌려서 글을 남겼을 것으로 추측된다.

그들은 소나 말, 양과 낙타 같은 가축들을 키우고 그 고기와 젖을 음식으로 삼았다. 흉노족의 땅에는 강과 호수가 많고 물고기도 풍부했으나, 그들이 물고기를 먹었다는 기록은 찾을 수 없다. 유목민이라서 물고기보다는 가축의 고기를 더 좋아했던 모양이다.(다만 훗날의 거란족은 얼음낚시를 무척 좋아했다고 전해진다.)

흉노족의 모든 성인 남자들은 말을 탈 줄 알았고, 활을 당겨 사냥하기를 좋아했다. 그래서 유사시에 전쟁이 터지면 쉽게 군사들을 모집하여 동원할 수 있었다.

흉노족은 매년 1월과 5월에 각 부족의 족장들이 군주인 선우의 막사에 모여 하늘과 땅, 조상들에게 제사를 지냈다. 그리고 흉노 선우는 매일 아침이 되면 떠오르는 태양에 절을 하고, 저녁이면 달에 절을 했다. 흉노족은 별자리를 보고 점을 쳤으며, 주로 보름달이 나타날 때 침략하고 그믐달이 나타날 때 철수했다.

이건 나중의 일이지만, 한나라 장군 곽거병은 흉노족을 공격했을 때, 흉노족들이 하늘에 제사를 지내기 위해 만들었던 황금 우상을 노획했다.

흉노족은 외부 세력들을 상대로는 전쟁을 피하지 않았으나, 그들 내부적으로는 폭력을 엄격히 금했다. 평화로운 때에 칼을 1척(30㎝) 이상 뽑거나 죄가 큰 자들은 무조건 사형에 처했으며, 도둑질을 한 사람은 재산을 모두 빼앗고, 죄가 가벼운 죄수도 발목의 복사뼈를 자르는 무거운 벌을 내렸다.

사마천을 포함한 중국인들은 흉노족이 노인을 업신여기고 예의범절도 모르는 야만족이라고 깔보았으나, 흉노의 후손임을 자처하는 몽골인들이 노인을 한 가정의 정신적 지주로 여기며 존경하고 우대하는 것을 보면 다분히 흉노족을 폄하하기 위해 기록한 내용으로 보인다.

흉노 시대 오락이나 문화와 관련된 기록은 그 양이 매우 적다. 다만 《사기》에 의하면 흉노의 어린이들은 양을 타고서 활쏘기로 토끼를 잡는 사냥을 즐겼다고 한다. 그리고 오늘날 몽골인들이 양의 뼈를 가지고 만든 주사위 놀이를 좋아하는 것을 보면, 몽골의 선조인 흉노족들도 그런 오락을 즐기지 않았을까 추측된다.

훗날 한무제가 보낸 한나라 군대가 흉노를 격파하고 그들에게서 기련산과 연지산을 빼앗자, 흉노족들은 "기련산을 잃었으니 6가지 가축들을 키울 수 없고, 연지산(여인들의 얼굴을 화장하는 염료인 '연지'가 나오던 산)을 잃었으니 여자들이 얼굴을 치장할 수 없어 걱정한다."라는 노래를 불렀다고 전한다.

흉노와 신라의 흥미로운 관계
::

흉노족의 세력 범위가 워낙 넓었던 터라, 그들의 동쪽 지역은 만주 서쪽과도 맞닿아 있었다. 흉노의 전성 시절, 만주에는 고조선과 부여가 활동하고 있었다. 그러나 이 두 나라에 대한 자료가 《사기》나 《삼국지 위지 동이전》 말고는 거의 없기 때문에, 고조선과 부여가 흉노와 어떤 관계를 유지했는지는 알기 힘들다.

다만, 한무제가 고조선을 멸망시키자 중국 사서들에서는 이 사건을 가리켜 "흉노의 왼팔을 잘랐다!"라고 표현했다. 이로 미루어 보면 흉노족과 고조선이 유사시 서로 연합하여 한나라와 맞섰거나, 아니면 그럴 가능성 때문에 고조선이 한나라의 공격을 받은 것일 수도 있다.

한반도의 삼국시대에 활동한 신라와 흉노족의 연관 관계도 상당히 흥미롭다. 신라의 문무왕릉비문에는 신라인의 선조가 투후라고 언급되어 있는데, 1954년 중국에서 출토된 대당고김씨부인묘명에는 그 투후가 한무제 시절 한나라에 항복한 흉노족 왕자인 김일제라고 한다. 즉, 신라인들은 흉노족 왕자가 자신들의 조상이라고 주장한 것이다.

그런가 하면, 독일의 ZAF TV에서 방영한 역사 다큐멘터리에도 놀랍게도 신라와 훈족(흉노족)의 관계를 다룬 내용이 있다. 그것은 신라의 토기에 새겨진, 말 엉덩이에 솥을 싣고 다니는 모습이 훈족과 너무도 흡사하여, 혹시 훈족이 신라에서 출발한 집단이 아닌가 하는 가설이었다. 물론 지리적인 위치상, 신라에서 흉노족이 활동하던 몽골 초원을 거쳐 유럽까지 갔다고 보기에는 무리가 있다. 그보다는 차라리 흉노족이 한반도 남부인 신라까지 유입되었다고 보는 것이 더 설득력 있을 것이다.

운명을 건 한나라와의
한판 전쟁
::

흉노를 반석 위에 올려놓은 모돈선우가 기원전 174년에 죽자 그의 아들인 노상선우가 즉위했다. 노상선우 역시 부친에 못지않을 만큼 용맹한 군주였다. 그는 월지족과 싸워 그 왕을 죽이고 두개골을 술잔으로 만들기도 했다. 이 소문을 들은 한나라 황제와 대신들은 흉노를 한층 더 두려워했다.

그러나 기원전 141년, 한무제가 한나라의 새로운 황제에 즉위하자 흉노와 한나라의 관계는 새로운 변화를 맞았다. 한무제는 매년 막대한 비단과 곡물 등을 흉노에 보내고 심지어 공주까지 흉노에 시집을 보내는데도 흉노족의 국경 침탈이 끊이지 않자, 대흉노 정책을 바꾸어 군사력을 동원해 흉노를 공격하기로 했다.

당시 한나라는 60년 동안 오랜 평화를 누렸기 때문에 창고마다 곡물이 넘쳐나고 돈을 꿴 꾸러미가 썩을 정도로 풍족한 상태여서 군사비 걱정도 없었다. 한나라는 기원전 133년부터 약 50년에 걸쳐 무려 70만이 넘는 대군을 동원하여 흉노를 지속적으로 공격했다. 수십 년 동안 축적해 놓은 국력을 모조리 대외 원정에 쏟아부은 것이다.

전쟁 초기에는 한나라가 불리했는데, 이는 한나라 기병 부대의 말들이 흉노족의 말들보다 허약했기 때문이었다. 또한 흉노족은 싸우다 전황이 불리하면 재빨리 달아나 버려, 한나라는 그들을 쫓다가 광대한 초원과 황무지에서 군량이 바닥나 돌아오는 경우가 많았다.

그러나 한무제는 영민했다. 그는 흉노족의 우수한 기병 전력을 상대하려면 한나라 군대의 말들을 바꿔야 한다고 생각했다. 멀리 대완국(중앙아시아의 페르가나)에 한혈마汗血馬라 불리는 훌륭한 말들이 많다는 정보를 입수하고는 6만의 대군을 보내 대완국을 위협하여 한혈마를 들여왔다. 그리고 한혈마로 무장한 한나라 군대는 뛰어난 기동력으로 흉노족을 잇달아 격파했다.

아울러 한무제는 흉노의 세력을 근본적으로 약화시키기 위해서는 그들이 경제적으로 의존하고 있는 서역, 즉 오늘날 중국 신강 위구르 지역의 도시국가들을 정복하여 흉노족의 돈줄을 차단해야 한다고 판단했다. 그리하여 한무제는 10년 동안 흉노에 포로로 잡혀 있던 장건을 앞세워 서역 원정에 나선 끝에, 서역의 36개 나라들을 복속시켜 흉노족과의 관계를 끊게 만들었다.

서역에서 흘러 들어오는 경제적 지원이 중단되자 흉노족은 큰 타격을 받았다. 게다가 한나라와의 전쟁에서 많은 흉노족들이 포로로 잡혀가거나 항복하여 인구와 가축이 줄었다. 《사기》에 기록된 내용을 보면 한나라 군대가 흉노의 가축을 무려 100만 마리 이상 노획했다고 한다. 다소 기록이 과장되었다고 해도 흉노족 민생의 근간인 가축이 줄어든 것은 그만큼 흉노족의 힘이 약화되었다는 사실을 보여 준다.

물론 한나라 역시 형편이 어려워지기는 마찬가지였다. 아무리 물자가 풍부해도 연일 계속되는 전쟁에 군사비를 쏟아부으니 경제가 점

말이 흉노족을 짓밟고 있는 마답흉노상.
흉노족에 대한 중국인들의 적개심이 얼마나 컸는지 알 수 있다.

점 어려워졌다. 급기야 한무제는 군사비를 마련하기 위해 국내에서 사용되는 모든 소금과 쇠를 국가가 독점 판매하는 염철鹽鐵 전매를 시행하며 세금을 거두었다. 심지어는 흉악 범죄를 저질러도 돈을 바치면 사면해 주는 극단적인 법까지 만들었다. 그러다 보니 한나라의 민생은 갈수록 피폐해졌고 백성들의 불만도 높아졌다.

하지만 흉노의 상황은 한나라보다 더 심각했다. 한나라와의 전쟁에서 입은 피해도 컸지만, 흉노족에게 지배당하고 있던 다른 민족들이 흉노를 얕잡아 보고 반란을 일으키면서 흉노는 더 큰 위기에 봉착했다. 그중에서 특히, 옛날 모돈선우에게 멸망한 동호의 후손인 오환족과 선비족이 한나라와 손잡고 공격해 오기 시작하면서 흉노는 갈수록 궁지에 몰렸다.

급기야 기원전 68년에는 엄청난 추위와 폭설이 닥쳐 수많은 부족

내몽골에서 발견된 선우의 인장.
남흉노 시절에 만든 것으로 추정된다.

민과 가축이 얼어 죽고 굶어 죽는 참사가 일어나 흉노의 국력에 치명타를 입혔다. 거기에 기원전 60년에는 호한야, 호게, 차려, 도기, 오차 등 무려 5명의 실력자들이 저마다 선우를 자칭하고 나서면서 흉노는 완전히 사분오열되기에 이르렀다. 이 흉노의 내분은 호한야와 그의 형인 질지 두 사람의 권력 다툼으로 좁혀졌고, 둘의 대결에서 밀린 호한야는 한나라로 달아난 뒤, 한선제의 도움을 받아 질지를 쫓아냈다. 유명한 미녀 왕소군이 바로 한나라와 흉노의 친선을 위해 호한야에게 시집을 갔던 것도 바로 이 무렵이었다.

기원전 55년, 호한야와 질지의 대립은 흉노를 남북으로 분단시켰다. 호한야가 이끄는 남흉노는 그 후로 선비와 오환 같은 다른 북방 유목민의 침략으로부터 중국을 막는 방파제 역할을 하며 약 400년 동안 존속했다.

질지를 추종하는 흉노족은 북흉노라 불렸는데, 이들은 한나라를 피해 멀리 서쪽인 중앙아시아로 달아나, 지금의 중국 서부 신강 위구르 자치구에 근거지를 마련했다. 질지선우는 주변의 다른 유목민인 오손과 강거를 굴복시킨 다음, 발하시 호수와 아랄 해까지 세력을 넓혔다.

하지만 북흉노의 흥성을 우려한 한나라는 기원전 36년, 뛰어난 장군 진탕과 7만 군사를 보내 질지선우의 근거지인 선우성을 공격했다. 수에서 밀린 흉노군은 결국 패배했고 선우성은 완전히 파괴되었으며 질지를 포함한 흉노 귀족 1518명이 죽임을 당했다.

이리하여 북흉노는 멸망했다. 하지만 한나라의 공격에서 살아남은 북흉노족의 일부는 더 먼 서쪽인 유럽으로 달아나 훈족이 되었다. 그리고 그들은 유럽의 세력 판도에 커다란 영향을 끼치게 된다.

남흉노 후예들의 행방
::

한편 남흉노의 후손들은 어떻게 되었을까?

그들은 지금의 산서성 서쪽에 계속 근거지를 두면서, 대대로 중국의 용병 역할을 해왔다. 서기 9년에 유방이 세운 한나라, 즉 전한이 망하고 잠시 혼란기를 거쳐 유방의 후손인 유수가 서기 25년에 후한을 세우며 정권이 교체되는 가운데서도 남흉노는 계속 살아남았다.

그러다 후한은 소설 《삼국지》의 배경인 후한 멸망 후의 대분열기를 맞아 혼란에 빠졌다. 280년, 서진의 사마염이 다시 중국을 통일했으나, 이 나라는 황족들 간의 권력 다툼인 이른바 '팔왕의 난'에 휘말려 급속히 몰락의 길을 걸었다. 그러자 남흉노의 왕족인 유연은 망해 가는 중국에 더 이상 충성하기를 거부하고 군사를 일으켜 자립한 뒤, 한漢나라를 세우고 스스로 황제라 칭했다. 그의 아들인 유총은 서기 311년 서진의 낙양을 함락시키고 서진 황제인 회제를 생포하여 노예로 삼았다.

하지만 유연이 세운 한나라는 오래가지 못하고 서기 329년에 갈족(티베트 계열의 민족)의 석륵에게 멸망당했다. 고작 25년이었지만, 한나라는 북방 유목민들이 중국의 절반을 약 300년 동안 지배한 '5호16국 시대'를 연 주역으로 중국 역사에 커다란 영향을 끼쳤다.

남흉노의 자손들은 그 후로도 등장하는데, 흉노족인 혁련발발은 407년, 현재 내몽골 자치구와 산사성 일대에 하夏나라를 세우고, 스스로를 대하천왕大夏天王 대선우大單于라 일컬었다. 그는 천하의 모든 나라들을 지배하겠다는 야심을 품고 통만성統萬城이라는 도시를 새로 건설했다. 통만성은 흙으로 만든 토성이었는데, 시루에 넣고 찐 흙을 쌓아 성벽이 돌처럼 단단했다. 이도 모자라 송곳으로 성벽을 찔러서 한 치(약 3cm)만 송곳이 들어가도 그 구역을 쌓은 기술자들을 모두 죽여 버렸다. 또, 활과 갑옷을 만들 때도 화살을 쏘아서 갑옷을 뚫지 못하면 활과 화살을 만든 기술자들을 죽이고, 반대로 화살이 갑옷을 뚫으면 갑옷을 만든 기술자들을 죽여 버렸다. 이러다 보니 하나라의 기술자들은 생명을 부지하기 위해서라도 자신이 맡은 일에 필사적이었고, 덕분에 하나라의 성벽과 활, 갑옷은 매우 견고했다.

혁련발발이 거둔 최대의 승리는 418년, 동진의 장수 유유가 북방 정벌을 위해 장안에 남겨 둔 군대를 전멸시킨 일이었다. 장안을 점령한 유유는 20만 대군을 주둔시켰는데, 혁련발발은 유유가 본국으로 돌아간 틈을 노려 대군을 이끌고 장안을 기습해 이들을 몰살시켰다.

장안을 점령한 혁련발발은 황제에 즉위했다. 그리고 영토 확장에 몰두하여 관중과 황하 이북인 오르도스, 산서성 남부를 모두 손에 넣었고, 북량과 토번(티베트) 지역의 유목민들도 복속시키는 등 눈부신 성과를 거두었다.

하지만 혁련발발이 품은 천하통일의 꿈은 끝내 이루어지지 않았다. 그의 잔인하고 포악한 통치에 분노한 장안의 백성들이 424년에 봉기하여 장안은 내란 상태에 빠졌고, 내란을 진압하느라 정신없이 뛰어다니던 혁련발발은 425년에 사망했다.

혁련발발의 개인적인 영도력에 이끌려 운영되던 하나라는 그의 죽

혁련발발이 쌓았던 중국 통만성 유적지.

음과 함께 큰 타격을 받았다. 426년, 만주 북부에서 이주해 온 탁발선비족이 세운 북위는 하나라를 공격하여 장안을 빼앗았고, 그 여세를 몰아 하나라의 수도인 통만성까지 함락시켰다. 혁련발발의 아들인 혁련창은 북위에 생포되어 처형당했고, 살아남은 그의 동생 혁련정은 평량으로 도망쳐 황제에 즉위했지만, 431년 끝내 토곡혼(선비 계열의 유목민)에게 멸망당해 하나라는 영원히 사라졌다.

그 후 100년 넘게 흉노족의 자취는 보이지 않다가 523년 4월, 북위에 대타격을 가한 '육진의 난' 무렵에 다시 그 이름이 나타난다. 반란을 주모한 북위 장수 파육한발릉破六汗拔陵이 바로 흉노족 출신이었다. 그는 북위군과의 전투에서 전사했으나, 그가 일으킨 육진의 난 이후, 북위는 동위와 서위로 갈라졌다. 중국에 남아 있던 흉노의 후예들은 여기서 그 기록이 끊어진다.

유라시아 유목민의 원형

흉노는 비록 남북으로 분열되어 쇠퇴하다가 소멸했으나, 그들의 영향력은 결코 무시할 수 없다. 흉노 이후로 약 1000년이 넘게 그들의 이름은 유라시아에 전해져 왔으니 말이다.

흉노의 후손으로 추정되는 유목민들은 매우 많은데, 흉노와 동족설이 분분한 훈족은 너무나 유명하니 차치하고라도 다른 유목민들인 에프탈족, 아바르족, 돌궐족, 위구르족, 거란족, 몽골족 등이 자신들이 흉노의 후손이라 칭하거나 외부인들에 의해 흉노(훈족)의 후손으로 인식됐다. 그들이 정말로 흉노의 후손일 수도 있고 아닐 수도 있으나 중요한 것은 흉노가 독자적인 세력을 잃은 지 700년 이후에도 여전히 흉노의 후손임을 자처하는 유목민 집단이 있었다는 점이다. 이로 미루어 볼 때, 흉노는 유라시아 유목민들의 원형을 만들었다고 볼 수 있을 것이다.

소설 《삼국지》는 수많은 영웅들의 일대기를 다루고 있다. 그중에서 가장 돋보이는 인물은 조조인데, 그는 삼국 중 제일 강력한 나라인 위나라를 세워 훗날 위나라를 이어받은 진나라가 중원을 통일하는 기반을 마련했다.

조조는 서기 206년, 직접 대군을 이끌고 북방 원정을 단행하여, 당시 세력을 떨치고 있던 유목 민족인 오환족烏丸族을 공격해 정복했다. 그가 굴복시킨 오환족은 어떤 집단이었을까?

오환족

중국의 용병 혹은
중국의 눈엣가시

동호족의 후예
::

'오환'이라는 이름을 글자 그대로 해석하면 '까마귀烏 약丸'이란 뜻이 된다. 하지만 오환이란 명칭은 오환족 스스로 불렀던 호칭이 아니라, 중국인들이 자기들 한자에 맞게 옮겨 적은 이름일 것이다.

그렇다면 '오환'이란 단어의 본래 뜻은 무엇일까? 오환족들은 문자도 없었고 그들 스스로 기록을 남기지도 않았기에 확실히 알 수는 없다. 다만, 일설에 의하면 '오환'은 몽골어로 큰아들을 뜻하는 '아오한'에서 유래한 이름이라고 한다. 북방 유목 민족들의 맹주였던 흉노족은 임금인 선우의 큰아들을 좌현왕이란 관직에 임명했는데, 그 좌현왕이 다스리던 부족들을 아오한이라고 불렀던 것에서 오환이란 호칭이 나왔다는 것이다. 즉, 오환족은 선우의 장남인 좌현왕이 지배한 부족에 소속되어 있었다는 뜻이다.

하지만 오환족은 본래 흉노와는 다른, 동호東胡라 불리던 집단에 속해 있었다. 동호족은 지금의 내몽골 동부와 요동반도 북쪽에 있던 유목 민족인데, 발음상의 유사성으로 보아, 혹시 그들의 본래 이름이 오늘날 러시아 연해주의 소수민족인 퉁구스Tungus가 아니었을까?

동호족의 주요 활동 시기는 기원전 3세기 중국의 전국시대 말기였다. 그들의 서쪽인 내몽골 서부와 현재의 몽골 공화국 지역에는 흉노족이 살았는데, 기원전 209년 흉노의 군주인 모돈선우는 동호족을 멸망시켰다. 이때 흉노족의 공격을 피해 멀리 대흥안령산맥의 남쪽과 북쪽으로 도망친 잔존 세력이 바로 오환족과 선비족이었다. 오환과 선비라는 두 집단은 본래 같은 동호족의 후예인데, 중국인들은 자신들과 가까운 집단을 오환이라 부르고, 먼 집단은 선비라고 불렀다.

역사가 진수가 쓴 역사서인 《삼국지》나 진나라의 역사를 기록한 《진서晉書》 등 중국인들이 남긴 기록에 의하면, 오환족과 선비족은 각각 오환산과 선비산이라는 산의 이름을 따서 자신들의 호칭을 지었다고 한다. 하지만 이건 좀 억지스러운 해석으로 보이고, 자신들의 이름을 가져다 근거지에 있는 산의 이름을 정한 것이 아닌가 싶다.

흉노를 피해 동쪽으로 달아났지만, 흉노족은 금세 오환족을 찾아냈고 다시 그들의 지배가 시작되었다. 이때 오환족은 흉노 선우의 장남이 다스리는 좌현왕 휘하 부족에 소속되었으며, 오환이라는 이름이 바로 이 시기에 붙여진 것으로 보인다.

오환족은 흉노족에게 매년 가축과 짐승 가죽을 세금으로 바쳤고, 만일 바치지 못하면 흉노족이 어린아이들을 노비로 끌고갔다. 그래서 오환족은 흉노의 지배를 증오했지만, 그들보다 힘이 약하니 어쩔 수 없이 복종하고 있었다.

그러다 한무제가 흉노와 대대적인 전쟁을 벌이면서, 흉노족은 연이어 타격을 받아 세력이 크게 위축되었다. 전쟁이 거듭될수록 흉노족은 수많은 백성과 가축들을 잃어 갔고, 예전에 한나라를 위협하고 공물을 받아 내던 수준으로는 도저히 회복하지 못했다.

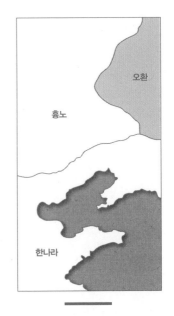

흉노가 이처럼 한나라와의 오랜 전쟁에서 지치고 쇠약해지자, 이 틈을 타서 오환족은 흉노의 압제에서 벗어나 독립을 이루려 하였다. 그리고 일연제선우(기원전 85~68년)가 흉노의 군주로 군림하던 시기, 오환족은 흉노 선우들이 묻힌 무덤을 도굴했다. 과거 자신들이 모돈선우에게 짓밟혔던 원한에 대한 복수로 벌인 일이었다.

비천한 노예에 불과하던 오환족이 감히 성스러운 조상들의 무덤을 파헤치는 천인공노할 만행을 저질렀다는 소식을 들은 일연제선우는 크게 분노하여, 2만의 군사를 보내 발칙한 오환족을 응징하게 했다.

그런데 한 가지 의문이 든다. 보통 유목민, 그중에서도 특히 군주의 무덤은 도굴을 방지하기 위해 묘비나 봉분도 쌓지 않고, 그저 시체를 땅속에 묻고는 그 위로 말들을 달려 단단하게 다진다. 그래서 장례에 직접 참석한 유족들이 아니면 무덤의 위치를 찾기가 매우 어려운데, 오환족은 어떻게 흉노 선우들의 무덤을 찾아냈던 것일까? 혹시 일연제 선우에게 불만을 품은 흉노 상층부의 내부자가 제공해 준 정보를 받은 게 아니었을까?

여하튼 흉노족의 군대가 쳐들어오자 오환족은 큰 위기에 빠졌다. 쇠퇴해 간다고 하지만 아직도 흉노족은 북방 유목 민족들의 맹주로 강력한 힘을 갖고 있었기 때문이었다. 여기에 엎친 데 덮친 격으로 한나라가 범명우 장군에게 3만의 군사를 주어 북방 원정을 단행케 했다. 오환족은 졸지에 흉노와 한나라 군대, 양쪽으로부터 번갈아 공격을 받았다. 특히 한나라 군대와의 전쟁에서 오환족은 6000명의 전사자를 내고 큰 타격을 입었다. 분노한 오환족은 그 후 번번이 한나라 국경 지역을 침범하여 약탈을 일삼는 것으로 보복했다. 하지만 한나라의 방비가 워낙 엄중하여 오환족의 공격은 별다른 효과가 없었다.

그러다가 서기 9년, 한나라의 귀족인 왕망이 스스로 황제가 되어 신新나라를 세웠다. 그러나 신나라는 얼마 못 가 지방 귀족들의 불만을 사게 되었고, 중국 각지에는 적미군과 녹림군을 비롯한 군벌들이 난립하여 전투를 벌이는 대혼란이 발생했다.

중국이 혼란해져 외부에 신경을 쓰지 못하는 틈을 타, 오환족은 한나라에게 받은 타격에서 서서히 회복해 세력을 기를 수 있었다. 그리고 서기 45년, 오환족은 신나라를 없애고 다시 중국을 통일한 후한의 군대 3000명과 싸워 승리하는 성과를 거두었다. 당시 후한 군대를 지휘한 장수는 명장으로 유명한 마원 장군이었으나, 오환족을 막지는 못했다. 이 사건을 사서 《삼국지》에서는 "이기지 못하고 말 1000필을 잃었다."라고 은유적으로 표현했다.

중국 군대와 싸워 이긴 오환족은 자신감에 넘쳐 더욱 기세등등해졌으며, 그로부터 얼마 후에는 마침내 자신들을 오랫동안 핍박해 왔던 흉노족을 대대적으로 공격하여 그들을 내몽골 지역에서 깨끗이 몰아내는 대승을 올렸다. 흉노의 노예 신세에서 이제 완전히 독립을 이룬 것이다.

하지만 오환족의 자립은 어디까지나 흉노족이 한나라와의 오랜 전쟁으로 쇠약해진 틈을 탄 어부지리의 결과였다. 만약 흉노족이 계속 강성한 힘을 유지하고 있었다면, 오환족은 역사에 이름을 걸고 나타나지도 못했을 것이다.

모계 중심 사회와 변발
::

오환족은 그들의 선조인 동호나 적국인 흉노처럼 전형적인 유목 민족이었다. 그들 스스로 기록을 남기지 않았기 때문에, 그들의 역사와 문화를 알려면 어쩔 수 없이 중국인들이 쓴 책들을 뒤져 봐야 한다. 배송지란 사람이 주석을 단 역사서인 《위서》에 오환족의 생활양식이 나오는데, 그 내용은 대략 다음과 같다.

오환족은 소와 말, 양 같은 가축을 거느리고·풀이 무성한 초원을 찾아 이동했다. 그들은 흙이나 돌이 아닌, 나무로 만든 뼈대 위에 짐승의 가죽을 덮어 씌운 '게르'라는 집에서 살았다. 이 게르는 유사시에 약 30분이면 손쉽게 분해해서 수레에 실을 수 있었고, 이동하며 다니기 편했다.

그들은 말타기와 활쏘기에 능했으며, 가축이나 사냥한 짐승의 고기와 곡식을 먹고 가축의 젖을 발효시켜 만든 음료를 마셨다. 단, 그들은 농사짓는 법을 몰라서 곡식은 중국과 교역을 하거나 약탈로 얻어온 것들이었다. 나중에 중국이 혼란기에 휩싸이자 오환족의 영토로 피신해 온 중국인들도 있었는데, 오환족은 그들을 보호해 주는 대신 농사를 짓도록 하여 곡식을 거둬들였다.

오환족은 모계사회의 영향이 강했다. 오환족은 일단 결혼을 하면, 남편이 아내의 집에 가서 집안일을 도와주며 살다가, 2년이 지난 후에야 아내를 데리고 자기 집으로 돌아왔다. 이런 풍습은 12세기 몽골의 칭기즈칸 때도 똑같이 존재했다. 또한 오환족 남편은 아내의 모든 가족과 친척들을 만나면 즉시 절을 하는 등 극진한 예의를 갖추었고, 처가에서는 사위에게 여러 가축들을 재산으로 주었다.

오환족은 가정의 모든 일을 결정할 때 아내나 어머니의 뜻에 따랐다. 단, 전쟁과 관련된 일만은 남자들끼리 모여 결정했다. 아버지가 죽으면, 아들은 자신을 낳은 친어머니를 제외한 다른 계모들과 마음대로 결혼할 수 있었고, 형이 죽으면 동생이 형수와 결혼하여 조카들을 돌보

왔다. 이런 형사취수제는 오환족과 가까웠던 고구려에도 있었다.

옷은 짐승의 가죽으로 만들었고, 오환족 남자들은 머리카락 깎는 것을 편하게 여겼다고 한다. 아마도 유목민 특유의 머리 스타일인 변발을 말하는 듯하다. 변발이란 초원에 살던 유목민들이 머리카락을 조금만 남겨 두고 모두 깎아 버리는 헤어스타일을 가리킨다. 다른 유목민인 돌궐이나 거란, 여진, 몽골족들도 전부 그런 변발을 했었다.

오환족은 쇠를 이용해 각종 무기나 생활 도구를 만들 줄 알았다. 병에 걸리면 쑥뜸을 뜨거나 아픈 부위를 칼로 찢어 피를 뽑았고, 그래도 안 되면 하늘과 땅과 기타 자연의 신들에게 제사를 지냈다.

그들은 왕이 없었으며, 대신 대인大人이라 불리는 우두머리가 각 집단마다 있었다. 대인은 처음에 덕망이 있는 사람을 골라 뽑았지만, 나중에는 혈연에 따라 상속되었다. 대인들의 명령을 듣지 않는 자는 사형에 처해졌고, 도둑질을 하거나 살인을 저지른 자들도 사형을 당했다. 그 밖에 다른 죄를 지은 자들은 사막이나 황무지로 내쫓았다.

후한과의 물고 물리는
각축전
::

서기 49년, 오환족의 대인 학단은 9000명의 오환족과 함께 후한의 수도인 장안을 방문했다. 그리고 후한의 황제인 광무제 유수와 직접 만나

회담을 갖고, 장차 오환족이 다른 유목민인 흉노나 선비의 침공으로부터 후한의 북방을 지키는 용병 노릇을 하겠다고 약속했다. 이에 광무제는 학단을 포함한 80명의 오환족 지도자들에게 각각 왕王과 후侯 같은 작위를 내려 주었다. 또한 요서, 요동, 상곡, 태원, 안문, 어양, 우북평 등 후한의 변방에 오환족이 이주하여 사는 것을 허락했다.

그러나 이러한 조치는 오환족에게 매우 불행한 결과를 가져왔다. 오환족이 중국 변방의 여러 곳에 분산 거주함으로써, 그들은 흉노처럼 한 명의 강력한 군주가 집단 전체를 다스리는 통일되고 조직적인 유목 국가로 성장하지 못했으며, 서로 다른 대인들을 중심으로 묶인 수많은 파벌들로 분열되었던 것이다. 그래서 오환족은 전쟁터에서 한나라 황제를 포위하고 한나라의 수도 장안 부근까지 쳐들어가, 그들을 상대로 공물을 받아 낼 정도로 막강했던 흉노의 위력에는 미치지 못했다. 어쩌면 광무제는 이런 결과까지 미리 의도하고 일부러 그렇게 계획을 세웠는지도 모른다.

더구나 여러 대인들이 각자 부족을 이끎으로써 오환족은 통일된 행동을 보이지 못하고 각자 따로따로 활동했다. 예를 들어 중국과 교섭을 할 때에도 서로가 달리 행동하여, 어느 한 부족이 중국과 동맹을 맺으면 다른 부족이 나서서 중국을 상대로 약탈을 저지르는 일이 반복되었다.

학단이 장안을 방문한 지 얼마 안 지난 후한 명제 시절(58~75), 오환족은 벌써 후한에 대해 적대적인 행동을 취했다. 어양에 살던 오환족의 대인 흠지분이 선비족과 연합하여 후한을 적대한 것이다. 그러자 후한의 요동태수 제융은 자객을 보내 그를 암살했다. 후한 안제 시절(106~125)에는 어양과 우북평과 안문의 오환족을 다스리며 솔중왕이라 불리던 오환족 지도자 '무하'가 선비족에 이어 흉노족까지 끌어들여 북경 부근 지역인 탁군과 오원을 침략했다. 이에 후한 조정은 2만의 군사를 보내 그들을 격퇴시켰다. 후한의 토벌군이 도착하자 흉노와 선비족은 변방으로 황급히 달아났고, 오환족은 예전처럼 후한과 우호 조약을 맺었다.

한동안 오환과 후한 사이에는 평화로운 분위기가 계속되었으나, 후한 말기에 후한의 국력이 약해지면서 점차 새로운 국면이 전개되었다. 그런 가운데 흥미로운 일이 발생했다. 후한에서 중산태수의 벼슬을 지내던 장순이란 사람이 자기를 미천안정왕이라고 칭하면서 요서의 오환족을 찾아간 것이다. 그는 요서는 물론 상곡과 요동의 오환족을 거느리고 유주, 기주, 청주, 서주 등 후한의 동북방과 동부 영토를 대규모로 침공하여 살육과 약탈을 일삼고 백성들을 포로로 잡아 오환족의 영토로 끌고 갔다.

장순은 자신도 엄연한 한족이면서 왜 이민족을 끌어들여 조국에 칼을 들이대는 배신자가 되었을까?

확실한 정황은 알려져 있지 않다. 아마 조정에 불만을 품고 오랑캐인 오환족의 힘을 빌어서 왕이 되고 싶었던 것이 아니었을까?

하지만 장순의 야심찬 행보는 오래가지 못했다. 후한 영제 무렵

(167~189), 유주를 다스리던 유우(?~193)가 오환족을 사주하여 장순을 암살하게 한 것이다. 유우는 본래 후한 황실의 일원인데, 평소에 덕망이 높고 인자하여 후한 백성들은 물론, 오환족과 선비족 같은 유목민들도 그를 존경했다. 그래서 나중에 삼국지의 군웅들이 할거하는 시대가 되자, 강력한 군벌인 원소는 유우를 황제로 추대하려는 시도까지 했을 정도였다.

장순이 죽자 요서와 상곡, 요동의 오환족들은 새로운 지도자로 답돈을 추대했다. 답돈은 요서 오환족들의 대인인 구력거의 조카였는데, 구력거가 죽고 난 지 얼마 안 되는 시점이라 구력거의 어린 아들 대신 용감하고 영리했던 그가 더 낫다고 사람들이 판단하여 대인으로 선출한 것이었다.

《삼국지》의 시대와 함께 부상한 오환

::

서기 184년 중국에서는 황건적의 난이 일어났다. 우리가 소설 《삼국지》로 잘 아는 바와 같이, 황건적의 난을 시작으로 중국은 중심을 잡아줄 구심점을 잃고, 각지에서 군웅들이 할거하는 어둡고 긴 혼란기에 빠져든다.

그런데 《삼국지》에 등장하는 군벌인 원소는 뜻밖에도 오환과 깊은 관련이 있던 인물이었다. 원소는 오환족을 상대로 한 교섭에서 멋대로 오환족 대인을 선우에 임명하기도 했다. 선우는 옛 흉노족 군주의 호칭인데, 흉노족이 쇠퇴하면서 오환 같은 다른 유목민들이 그 칭호를 썼다. 그는 오환족에게 보내는 편지에서 "너희들은 북쪽의 흉노와 동쪽의 고구려를 막는 데 큰 공을 세웠으니, 대대로 중국에 충성하면 앞으로 모든 오랑캐들의 우두머리가 될 것이다."라고 적었다. 그리고 오환족 대인들에게 황제가 타는 수레와 깃발을 선물로 보냈다.

오환족과 동맹을 맺었던 원소.
그는 한때 중국 최강의 군벌이었다.

답돈을 비롯한 오환족 지도자들은 더욱 기세가 올랐으며, 특히 답돈은 자신의 능력이 마치 흉노의 최전성기를 연 영명한 군주 모돈선우와 비슷하다 하여, 그와 자기를 견주었다고 한다. 그러나 답돈의 재능은 모돈선우에 비하면 형편없었다. 적어도 모돈은 한나라 황제를 포위하여 그를 굴복시켰지만, 답돈은 황제도 아닌 일개 군벌에게 완전히 멸망당하고 말았다.

대체 원소는 무슨 이유로 오환족에게 선물까지 보내고 선우란 작위를 내려 주었을까? 그가 진심으로 유목민인 오환족을 좋아해서 그런 것일까?

아무래도 그런 것 같지는 않다. 《삼국지》에 의하면 훗날 조조는 원소의 무덤에서 "나는 옛날 젊었을 때, 원소와 나눈 대화를 기억한다. 그는 먼저 사막에 사는 족속들을 모두 아우른 다음, 남으로 내려와 천하를 평정하겠다고 말했다."라고 술회했다.

이로 보건대, 원소도 결국은 조조처럼 오환족을 제압한 다음, 그들을 기병으로 삼아 중원 통일 전쟁에 나설 생각이었던 것 같다. 다만, 당장 조조와의 대결이 급한 만큼 오환족을 적으로 돌리지 않기 위해서 일부러 그들에게 비싼 선물을 보내 달랜 다음, 조조와 싸울 시간을 벌려고 한 것으로 보인다.

조조의 공격으로
몰락하다
··

원소는 서기 200년, 관도 전투에서 조조에게 전혀 예상치 못한 참패를 당했다. 그리고 2년 후인 202년, 원소는 패배의 굴욕을 안고 죽었으며, 원소의 아들들은 서로 아버지의 후계자가 되기 위해 골육상쟁을 벌이다 원소가 남긴 기반을 몽땅 잃고 말았다. 그 틈을 타 조조가 공격해 오자, 원소의 못난 아들들은 당황하여 죽거나 포로로 잡혔고, 셋째 아들인 원상은 평소 친분이 있던 답돈에게 도망쳤다.

원상은 답돈의 힘을 빌려 조조에게 복수를 하려 했으나, 그조차 뜻대로 되지 않았다. 206년에 조조가 직접 대군을 이끌고 오환을 공격했기 때문이다. 조조는 군대의 움직임을 완벽하게 숨기고 유성현에 있던 답돈과 그 휘하의 오환족을 공격했는데, 어찌나 은밀했던지 답돈은 조조군이 가까이 올 때까지 전혀 낌새를 눈치채지 못했다.

답돈과 원상은 오환족을 지휘하여 조조군에 맞서 힘껏 싸웠으나, 중원에서의 무수한 내전으로 단련된 조조군의 상대가 되지 못했다. 답돈을 비롯한 오환족 대부분은 조조군과 싸우다 전사했으며, 원상도 같은 운명을 맞았다. 다른 오환족 지도자들인 누반과 오연은 요동으로 달아났지만, 요동태수인 공손연에게 전부 죽임을 당했다. 간신히 살아남은 오환족들은 조조에게 항복하거나, 북쪽의 선비족에게 혹은 더 동쪽으로 도망쳤다. 이로써 오환족은 사실상 완전히 몰락했다. 한때 흉노족을 몰아내고 선비족과 연합해 중국을 침략했던 모습에 비하면 너무나 초라한 끝이었다.

오환족이 조조의 공격 한 번에 치명타를 입은 원인은 무엇일까?

그 이유는 대략 두 가지로 볼 수 있다. 첫째는 오환족의 근거지가 중국과 너무 가까워서 중국의 위협에 그만큼 쉽게 노출되었다는 것이다. 둘째는, 오환족의 세력 자체가 그다지 강하지 못했다는 점이다. 그들은 가장 왕성하게 활동했을 때도 흉노나 선비족의 힘에 미치지 못했다. 오환족의 여러 지파를 모두 합쳐 봐야 고작 10만 명도 안 되었을 정도였다.

중국인들은 자신들이 기록한 역사서에 오환족의 힘을 매우 과장하여 표현하고 있으나, 사실 오환족은 정말로 중국을 위협하여 공물을 받아 낼 정도였던 흉노와는 비교도 할 수 없을 정도로 약소한 부족이었다고 할 수 있다.

한편, 조조에 항복한 오환족들은 그 후 조조를 따라 중국 내륙으로 이주했다. 그리고 조조의 위나라 군대에서 오환돌기烏丸突騎라 불리며 뛰어난 정예 기병 부대로 활약했다.

이후 서기 300년, 위나라를 계승한 서진이 중국을 통일하고 얼마 못 가 '팔왕의 난'이라 불리는 황족들 간의 권력 투쟁이 벌어졌는데, 안북장군 왕준이 바로 오환족들로 이루어진 군대를 거느렸다. 오환족 부대의 명성은 이 무렵에도 대단했던지, 왕준과 대립하던 황족 사마영은 자신과 동지인 남흉노의 왕자 유연에게 "오환족은 바람보다도 더 빠르다. 과연 그들을 우리가 이길 수 있겠는가?" 하며 두려워했을 정도였다. 이에 유연은 "오환은 옛날 동호의 후손인데, 동호는 흉노에게 패배했습니다. 그러니 어찌 동호의 잔당 따위가 감히 흉노의 태생인 저의 상대가 되겠습니까?" 하고 자신만만하게 대답했다. 결국 왕준이 거느린 오환족 부대는 유연의 군대에게 패배하여 흡수되었으며, 4세기 초에는 흉노에 동화되어 중원에서 완전히 사라졌다.

요나라 시대까지 남아 있던 잔존 세력

∷

조조의 공격으로 오환족이 모조리 소멸된 것은 아니었다. 고구려를 침공하여 우리에게도 잘 알려진 중국 위나라 장수 관구검毌丘儉은 237년 조조를 피해 요동에서 잔존해 있던 오환족을 격파했으며, 245년에는 오환족을 위협하고 그들을 용병으로 삼아 고구려를 침공하기도 했다.

그리고 북쪽의 선비족에게 달아난 오환족들은 자신들과 언어와 풍습이 비슷한 선비족에게 곧바로 동화되었다. 만주 서북부에는 서기 12세기까지 '해奚'라고 불리는 유목 민족이 활동했는데, 일설에 의하면 이 해족이 오환족의 후손이라고도 한다.

오환족의 이름이 마지막으로 역사서에 등장한 때는 거란족이 세운 요나라 초기인데, 《요사遼史》에 의하면, 요나라의 태조 황제인 야율아보기는 908년 장군 야율살랄에게 "오환족을 공격하고 오라."라는 명령을 내렸다. 조조의 원정으로부터 600년이 지난 뒤에도 오환족은 계속 존재하고 있었던 것이다. 물론 이때의 오환족은 겨우 그 이름만 남은 잔존 세력에 불과했다.

요나라 이후로 오환족의 이름이나 활동상은 완전히 역사 기록에서 사라져 보이지 않는다. 그들과 비슷한 족속인 선비족이 훗날 중국으로 진출하고 북위를 세워 200년 동안 중국의 절반을 지배했던 것에 비하면 참으로 초라할 뿐이다. 그들 불행의 원인은 중국과 너무 가까운 그 위치에 있었다.

유연족柔然族은 우리에게 그렇게 잘 알려지지도 않았고, 역사 속에서 큰 영향력을 떨친 집단은 아니다. 하지만 약 280년 동안 몽골 초원에서 활동하며 나름대로 역사에 의미 있는 흔적을 남겼다고 볼 수 있다.

유연족

한 명의 노예에서
시작된 장대한 여정

대머리 노예가 만든 나라
::

유연에 관한 기록이 처음 나타나는 것은 서기 3세기 말, 북위의 신원제 (?~277) 시대부터다. 어느 기병이 노예 한 명을 잡았는데, 그는 머리카락이 없고 자기의 원래 이름을 잊어버린 상태였다. 북위 말로 머리카락이 없는 대머리를 '목골려'라고 불렀는데, 그 노예도 '목골려'라고 불리게 되었다. 이 목골려가 나중에 '욱구려'로 변했는데, 유연인들은 욱구려를 성으로 삼았다고 한다.

여기서 목골려라고 하니, 우리말에서 대머리를 가리키는 말인 '몽구리'가 떠오른다. 뜻도 이름도 서로 일치하니, '몽구리'란 말이 북위 말 '목골려'에서 유래했을 가능성도 있다. 아니면 북위도 본래 유목민인 선비족이니, 그들의 먼 후손에 해당하는 몽골인들이 고려를 지배하던 시기에 '목골려'라고 말하는 것을, 고려가 '몽구리'로 알아들었기 때문인지도 모른다.

이 기이한 노예 목골려는 북위의 목제(?~316) 시기, 집결 날짜에 늦은 죄로 처벌받을 것이 두려워 멀리 서쪽 사막으로 도망갔다. 그리고 자기와 같이 군령 위반을 피해 도망간 탈출자들을 100명 정도 모아 유목민인 고차 부족의 일파인 순돌린 부족에게로 달아났다. 거기서 목골려는 아내를 얻고 거록회란 아들을 낳았다. 거록회는 자신을 따르는 사람들을 모아 유연柔然이라는 부족을 새로 만들었다. 이것이 바로 유연족 역사의 시작이었다.

그런데 유연과 적대 관계였던 북위에서는 유연을 '연연蠕蠕'이나 '여여茹茹'라고 불렀다. 연연은 '징그럽게 꿈틀거리는 벌레'라는 뜻이고, 여여는 '냄새가 나는 썩은 채소'라는 뜻이니 모두 극도로 비하하는 호칭인 셈이다. 덧붙여 유연도 해석해 보면, '나약하고 무르다'는 뜻이다. 과연 새로 부족을 연 사람이 자기 집단을 가리켜 스스로 나약하다고 불렀을까? 사서에는 그리 나와 있지만, 왠지 의심스럽다.

양자강 남쪽의 한족 왕조들(동진, 송, 제, 양, 진)은 유연을 '예예芮芮'라고 불렀다. 해석해 보면 '풀'이나 '작은 벌레'라는 뜻이니, 그다지 좋은 이름은 아니다. 북위나 한족 왕조들 모두 문자를 빌려 유연을 비하했던 것이다.

거록회의 자손인 사륜은 유연의 힘을 크게 떨친 영웅이었다. 그는 그전까지 무질서하던 유연족의 군사 제도를 크게 개편하여, 100명을 1개의 당幢으로 묶고 1명의 수帥를 지휘관으로, 1000명을 1군軍으로 묶고 1명의 장將을 지휘관으로 임명했다. 그리고 전쟁터에서 앞장서 돌격한 자에게는 약탈물을 상으로 주며, 도망친 자는 나무 몽둥이로 때리거나 돌로 머리를 쳐 죽이는 엄벌에 처해, 병사들을 엄격한 군율로 다스렸다.

사륜의 군제 개혁으로 유연족은 더욱 조직적인 군사력을 갖추었으며, 북위의 토벌을 피해 북쪽으로 근거지를 옮겨 고차족을 포함한 여러 유목 민족들을 굴복시켰다. 또한 사륜은 그 영토가 동으로는 고구려, 서로는 언기(준가리아 분지), 남으로는 고비 사막, 북으로는 바이칼 호수에 이르렀을 정도로 유연의 세력 범위를 크게 넓혔다.

유연의 힘이 강대해지자 사륜은 스스로를 '구두벌가한(칸)'이라 일컬었다. 바로 여기서 훗날 유목민 군주들의 호칭인 '칸'이 나왔다. '구두벌'은 북위 말로 '사람을 잘 부린다'는 뜻이라고 한다.

덧붙여 6세기 중엽의 유연족 군주는 칸은 아나괴였는데, 서기 567년에 활동했던 우투르구르 훈족의 지도자 이름도 아나가이Anagai였다. 발음이 거의 같은 것으로 보아 유연과 훈족이 같은 계통의 집단이 아니었을까, 하는 추정도 가능해진다.

북위와의 길고 긴 전쟁
∷

자신의 힘을 믿은 사륜은 402년에서 409년 사이, 유연군을 이끌고 북위의 변경을 침공했다. 초기에는 유연이 우세하여 북위군을 격파하고 북위의 국경 지대를 마음껏 약탈했다.

그러나 410년, 북위의 태종 명원제가 직접 대군을 이끌고 사륜을 요격하러 나서자 사륜은 접전을 피해 후퇴하다가 갑자기 사망했다. 전사는 아니었고, 병에 걸리거나 피로가 겹쳐 죽은 것으로 보인다. 사륜이 죽자 유연 내부에서는 정권을 둘러싼 암투가 계속 이어졌다. 먼저 그의 후계자는 동생인 곡률이 되었으나, 얼마 못 가 조카인 보록진에 의해 폐위되어 북연의 화룡으로 추방되었고, 보록진이 유연의 칸에 올랐다. 하지만 보록진 역시 사륜의 사촌 동생인 대단에게 죽임을 당했다.

대단은 북위와 자주 대접전을 치렀고, 그중 두 번은 북위를 위기로 몰아넣기도 했다. 첫 번째는 414년으로 대단이 직접 군대를 이끌고 북위를 침공하여, 북위군이 반격하러 나섰으나 마침 때가 겨울이라 북위 병사들 중 30%가량이 추위에 얼어 죽고 전투력을 상실했다.

두 번째는 명원제가 죽고 뒤이어 황제가 된 세조 태무제 시절인 424년이었다. 대단은 다시 군대를 이끌고 운중을 공격하여, 반격하러 나온 태무제와 대결했다. 이때 대단은 기병들을 잘 조련하여 태무제의 군대를 무려 50여 겹이나 철저하게 포위했다. 북위군 병사들은 모두 겁을 먹고 놀라 어쩔 줄을 몰랐지만 태무제는 침착하게 대오를 정비해서 유연군의 포위망을 뚫고 나왔다. 만약 이때 대단이 좀 더 포위망을 잘 조였다면, 태무제는 죽고 북위는 치명타를 입었을 것이다.

안타깝게도 좋은 기회를 놓친 대단은 그 대가를 치러야 했다. 다음 해인 425년, 태무제는 지난번의 치욕을 갚고자 다섯 길로 대군을 동원했다. 그리고 전군을 가볍게 무장한 경기병으로 편성하고, 모든 병사에게 보름 동안의 식량만 보유하게 한 다음, 신속한 속도로 유연의 본거지를 공격해 들어갔다. 유목민의 빠른 기동력을 제압하고자 여러 길로 움직여 신속히 들이치는 방식은 훗날 청나라의 강희제와 건륭제도 사

북위 시대 선비족 기병의 모습을 묘사한 벽화.
유연족의 기병도 거의 비슷했을 것이다.

용하여 큰 성과를 보았다.

북위의 대군을 본 대단은 정면으로 싸울 엄두가 나지 않아, 접전을 피하고 멀리 북쪽으로 달아났다. 3년 동안 몸을 추스르던 대단은 428년 8월, 1만의 군대를 보내 북위의 변방을 약탈했다. 그러자 429년 4월, 태무제는 다시 대군을 소집해 대단을 공격했다. 이번에도 지난번처럼 경기병이 중심이 된 원정이었다. 대단은 달아났고 태무제는 유연을 집중적으로 공격하면서 30만 명을 포로로 잡고 수십만 필의 말을 빼앗는 전과를 올렸다. 참패에 상심한 대단은 화병이 나 죽었고, 그의 아들 오제가 새로운 유연의 칸으로 즉위했다.

태무제의 원정으로 유연은 큰 피해를 입었다. 오제는 이런 사정을 잘 알고 북위와 화친을 맺고자 했다. 그래서 434년 2월, 오제는 태무제와 결혼 동맹을 맺었다. 먼저 태무제의 딸인 서해공주가 오제에게 시집을 갔고, 오제의 누이동생이 태무제에게 시집을 간 것이다. 그리고 오제는 자기 형 독록괴와 수백 명의 신하들을 조공 사절단으로 보내어 말 2000필을 조공으로 바쳤다. 이리하여 유연과 북위 두 나라 간에는 평화가 찾아오는 듯했다. 그러나 이는 오래가지 않았다.

436년, 오제는 북위에 전쟁을 선포하고 국경을 침범했다. 2년 후인 438년, 태무제는 대군을 동원하여 서도, 중도, 동도 등 세 갈래로 유연을 공격했다. 그러나 이번에도 오제는 재빨리 달아나 북위와의 접전을 피했고, 북위군은 헛되이 사막을 헤매다 갈증과 굶주림에 지쳐 수많은 병사와 말들이 죽거나 본국으로 돌아갔다.

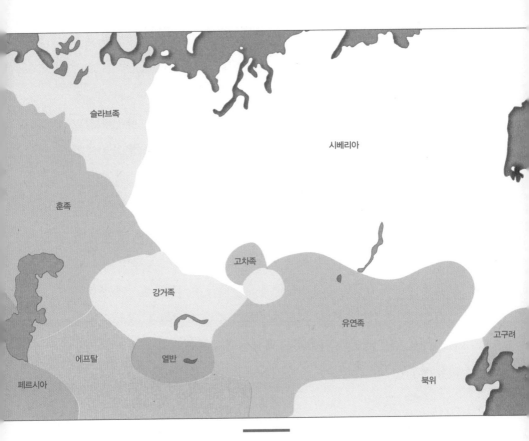

슬라브족

시베리아

훈족

고차족

강거족

유연족

고구려

에프탈

열반

페르시아

북위

서기 460년 무렵, 유연의 영토를 나타낸 지도.

439년, 태무제는 흉노계 나라인 북량을 공격하기 위해 군사를 이끌고 원정을 떠났다. 이 틈을 타서 오제는 북위를 대대적으로 기습했다. 유연군이 북위의 수도인 평량 근교의 칠개산까지 진격해오자 평량의 백성들은 공포에 휩싸여 중성으로 달아났다. 이때 오제가 좀 더 평량을 잘 공격했다면 함락시킬 수도 있었지만, 북위의 장군인 탁발숭과 장손 도생이 유연군을 막아 내어, 결국 오제는 철수해야 했다.

유연의 침범을 보복하기 위해 태무제는 다시 443년과 444년에 걸쳐, 네 갈래로 대군을 거느리고 유연을 공격했지만 결과는 예전과 같았다. 오제는 북위군을 피해 달아났고, 그들을 쫓아 사막을 방황하던 북위군은 군량이 떨어져 결국 철수하고 말았다.

그런데 오제가 죽고 그의 아들 토하진이 칸이 되자, 유연은 권력 계승에 생긴 잡음 때문에 혼란스러워졌다. 태무제는 이때를 놓치지 않고 449년에 대군을 거느리고 유연을 공격했다. 토하진은 겁을 먹고 도망쳤고 수많은 유연인들은 앞다투어 항복했다. 이 해의 원정에서 태무제는 무려 100만에 이르는 포로와 가축을 잡아 개선했다. 그리고 막대한 타격을 입은 유연은 한동안 크게 쇠퇴해져 북위가 북방 경비를 게을리할 정도였다.

464년, 토하진이 죽고 그의 아들인 여성이 칸으로 즉위했다. 하지만 6년 후인 470년, 북위의 현조 헌문제는 다시 유연 원정을 감행하여 5만 명의 유연군을 죽이고 1만 명을 포로로 잡았다. 5년 후인 475년, 여성은 북위에 사신을 보내 서로 통혼을 하고 화해를 하자고 했으나, 헌문제는 "짐승 같고 배신을 잘하는 유연에 공주를 시집보낼 수 없다."라며 거절했다.

485년, 여성이 죽고 아들인 두륜이 즉위했다. 492년, 북위 효문제는 7만의 군대를 거느리고 유연을 공격했는데, 이때 뜻밖의 사건이 벌

북위의 중무장 기병과 보병을 묘사한 인형. 북위가 존재했던 시기,
동아시아 지역에서는 중무장 기병들이 활발히 활동했다.

북위의 효문제(471~499). 초기 조모의 섭정 기간 이후 490년부터 직접 통치를 했다.
짧은 통치 기간이었지만 북위를 중흥시킨 영주로 평가된다.

어졌다. 유연에 복속하고 있던 고차족의 수령 아복지라가 자기를 따르는 10만 명의 부족민들을 거느리고 서쪽으로 달아난 것이었다. 이에 두륜은 숙부인 나개와 함께 아복지라를 제압하고 부족민들을 다시 데려오기 위해 군대를 이끌고 떠났다. 두륜이 거느린 군대는 패배했지만 나개는 계속 승리했고, 그러자 유연인들은 무능력한 두륜보다 용맹한 나개가 칸 자리에 더 어울린다고 생각하여 두륜을 죽이고 나개를 새로운 칸으로 추대했다.

506년 10월, 나개가 죽고 그 아들인 복도가 즉위했다. 복도는 사신을 보내 북위와 화해를 시도했지만, 북위의 세종 선문제는 "너희가 복종하지 않는데 화해가 무슨 소용이냐?"라며 거부했다. 북위가 화친을 받아들이지 않자 복도는 서쪽의 고차족과 싸우기 위해 떠났으나, 배후에서 북위군이 쳐들어온다는 소식을 듣고 당황하다가 고차왕 미아돌이 거느린 군대의 기습을 받고 전사했다.

유연의 부흥과 북위의 분열
::

복도의 아들인 추노는 508년, 유연의 새로운 칸이 되었다. 군대를 잘 지휘한 추노는 516년, 아버지의 원수를 갚기 위해 고차를 공격했다. 추노는 미아돌을 죽이고, 그 두개골에 옻칠을 하여 술잔으로 삼았다. 이런 행위는 옛날 흉노족이 월지 왕에게 했던 것과 같다. 한동안 북위에 시달리고 고차에게 왕을 잃어 기가 죽어 있던 유연인들은 이 소식에 힘을 냈다.

하지만 유연의 영웅 추노는 뜻하지 않게 치정 사건에 휘말려 죽임을 당했다. 당시 유연에는 지만이라는 아름다운 무녀가 있었는데, 이미 '옥인부승모'라는 사람과 결혼한 유부녀였다. 하지만 추노는 그녀를 사랑하고 있었다. 자신에 대한 추노의 마음을 알게 된 지만은 추노의 어린 아들인 조혜를 몰래 자신의 집에 납치하여 가두고, 추노를 찾아가 자신이 시키는 대로 7일에 걸쳐 하늘에 빌면 사라진 조혜를 찾을 수 있다고 호언장담했다.

아들을 잃고 상심해하던 추노는 지만의 말을 그대로 따라했고, 지만은 자신의 집에 갇혀 있던 조혜를 데려왔다. 조혜는 아버지에게 "나는 하늘로 올라가 있었어요."라고 말했다. 이 일로 지만을 더욱 깊이 신뢰하게 된 추노는 옥인부승모에게 소와 말과 양 3000마리를 주는 대가로 그녀와 이혼하도록 한 뒤 지만을 정식 아내로 맞아들였다.

그런데 세월이 흘러 나이를 먹은 조혜는 "사실 나는 하늘이 아니라 지만의 집에 갇혀 있었다."라고 말하고 다녔다. 그러자 지만은 자신의 신통력이 거짓이라는 사실이 들통 날까 봐 추노 앞에서 조혜를 헐뜯었고, 지만의 말을 믿은 추노는 몰래 사람을 보내 조혜를 죽여 버렸다.

그러자 520년에 조혜의 할머니, 즉 추노의 어머니인 후려릉씨는 다른 대신들과 합의하여 "추노는 사악한 여자에게 빠져 아들을 죽인 죄를 저질렀으니 용서할 수 없다."라며 지만과 추노를 죽이고, 추노의 동생인 아나괴를 새 칸으로 추대했다.

　그런데 아나괴를 미워하던 사촌형 시발은 수만의 기병을 데리고 아나괴를 습격했다. 아나괴는 동생 을거벌과 함께 북위로 달아났으며, 남아 있던 후려릉씨는 시발에게 죽임을 당했다. 아나괴가 망명해 오자 북위의 효명제는 수많은 신하들을 거느리고 그를 맞이했다. 그리고 북위의 새 수도인 낙양에 머무르게 하고 풍성한 연회를 베풀어 그를 위로했으며, '삭방군공 연연왕'이라는 봉호를 내려 주었다. 이렇게 12개월을 보낸 아나괴는 망명지인 북위보다는 자기 나라로 돌아가 왕위에 오르고 싶다는 생각이 들었다. 그래서 북위 대신들에게 황금을 뇌물로 주고 귀국해도 좋다는 허락을 받아 냈다.

　한편 아나괴가 없는 사이, 시발은 사촌 형제인 바라문에게 죽임을 당했고 유연은 바라문이 다스리고 있었다. 아나괴가 북위에서 돌아오자 바라문은 서쪽의 에프탈족에게 도망치려고 했다. 그러나 아나괴와 함께 유연에 온 북위군에게 사로잡혀 북위로 끌려갔다. 그리고 아나괴가 다시 유연의 칸으로 즉위했다.

　권력을 되찾은 아나괴는 523년, 유연에 기근이 들었다는 이유를 대고 북위의 변경을 습격하여 수많은 소와 양들을 약탈했다. 분노한 북위 조정은 이숭에게 10만의 대군을 주어 괘씸한 아나괴를 응징토록 했으나, 아나괴는 교묘하게 황무지로 유인하여 그들이 아무런 수확도 얻지 못하고 군량만 소진한 채 철수하도록 했다.

　그리고 1년 후인 524년, 그토록 위세가 등등했던 북위를 사실상 멸망시키는 충격적인 사건이 발생한다. 이른바 6진의 난인데, 유연과 맞닿은 북방 변경의 여섯 요새를 지키던 장군 파육한발릉이 주동이 되어 20만 명이나 되는 군사들이 대규모 반란을 일으킨 것이다.

반란의 전개 과정을 지켜보던 아나괴는 북위를 돕는 대가로 막대한 재물을 챙기고, 아울러 위신을 높이는 편이 더 좋다고 판단했다. 525년, 아나괴는 직접 10만의 대군을 이끌고 6진의 반란군들과 싸워 승리를 거듭했다. 옛날 북위군에게 참패를 거듭하던 유연의 위상을 크게 드높인 셈이었다.

더구나 반란이 진압된 지 얼마 못 가, 북위는 동위와 서위 두 나라로 분열되어 버렸다. 분열된 동위와 서위는 서로 유연의 힘을 빌려 상대방을 제압하고자 했으며, 이에 유연은 두 나라 사이에서 줄다리기 외교를 통해 이득을 챙길 수 있었다. 처음에는 유연이 서위 쪽으로 기울어 아나괴의 동생 탑한이 서위 문제가 보낸 화정공주와 결혼을 했고, 이에 대한 답례로 아나괴는 자신의 딸을 문제에게 시집보내 황후로 맞이하게 했다. 그리고 아나괴는 서위를 도와 동위를 자주 공격하여 침탈을 일삼았다.

그러다가 문제와 결혼한 아나괴의 딸이 병으로 죽자, 동위는 아나괴에게 사신을 보내 "서위 문제가 당신의 딸을 죽였소. 서위를 멀리하고 우리와 손을 잡읍시다."라고 꼬드겼다. 이에 아나괴는 동위의 낙안공주와 결혼을 했고, 손녀를 동위의 재상인 고담과 결혼시켰다.

중원의 나라들과 대대로 혼사를 맺으면서 유연은 평화를 누렸다.

그에 따라 아나괴는 내심 자신도 중국 황제들처럼 위엄을 떨치고 싶다는 생각에, 중국식 제도를 도입하고 중국인 순어담을 비서감으로 임명하여 나랏일을 맡겼다. 또한 중국에 조공 사절을 보낼 때도 신하임을 인정하지 않고, 자신이 중국 황제와 동등한 위치에 있음을 과시했다.

돌궐의 반란
··

태평성대를 누리고 있던 유연은 뜻밖의 사태를 만나게 된다. 유연에 복속된 부족들 중 돌궐족이 있었는데, 이들은 알타이 산맥에서 철을 캐어 유연에 바치며 살고 있었다. 돌궐족을 다스리던 우두머리는 아사나투멘이었는데, 그는 545년 유연을 도와 바이칼 호수의 남쪽에 살던 유목민인 철륵鐵勒족을 공격하여 5만 호(25~30만 명)의 부락과 거기에 딸린 부족민들을 항복시킨 적이 있었다.

투멘은 자신이 유연을 위해 세운 공을 생각하여 아나괴에게 딸을 자신에게 시집보내라고 요구했다. 그러자 아나괴는 "너는 내가 부리는 천한 노예에 불과한데, 어찌 감히 그따위 건방진 소리를 하느냐?"라고 모욕을 주며 거절했다.

이에 분노한 투멘은 유연과의 외교 관계를 단절했고, 유연과 적대 관계에 있던 서위에 사신을 보내 동맹을 맺었다. 그리고 552년, 투멘은 대군을 모아 유연을 기습하여 치명적인 타격을 입혔다. 참패한 아나괴는 자살을 했고, 그의 숙부인 등숙자가 유연의 마지막 칸이 되었다.

유연이 돌궐의 반란에 휩싸였다는 소식이 전해지자, 이제까지 유연에 억눌려 있던 북제(동위를 계승)는 억압에서 벗어날 좋은 기회라고 여겼다. 554년, 북제의 문선제는 유연을 대대적으로 공격하여 수많은 유연인을 죽이고 아나괴의 아들인 암라진의 가족을 생포했으며, 555년에는 직접 경기병 5000을 이끌고 유연을 공격해 수많은 포로를 끌고 와 유연족에게 더욱 큰 타격을 주었다.

투멘의 아들인 과라는 다시 등숙자를 공격해 피해를 입혔으며, 그의 동생 사근은 북주로 도망친 등숙자와 유연족 잔당 3000명을 자신에게 넘기라고 북주 문제에게 요구했다. 돌궐의 원한이 생기는 것을 두려워한 문제는 유연의 망명자들을 모두 돌궐에 넘겨주었다. 그러자 사근은 북주의 수도인 장안의 바깥에서 유연족 3000명을 모조리 죽여 버렸다.

이로써 유연족은 완전히 사라지고 말았다. 한 명의 노예가 일으킨 나라 유연은 파란만장한 280년의 역사를 뒤로 한 채 허무하게 멸망했다.

오늘날 중국의 서북부인 감숙성은 사막의 모래바람이 불어오는 황량한 곳이다. 하지만 800년 전인 13세기까지 이 지역에는 서하西夏라고 불리며 번영을 누리던 나라가 활동하고 있었다. 이 서하의 주민들이 바로 탕구트족Tangut이었다.

탕구트족

고유 문자를 발명한
송 나 라 의 숙 적

선비족의 후손?

::

서하와 같은 시대인 중국 송나라 역사를 적은 사서 《송사宋史》에 의하면 서하 왕실의 선조는 탁발적사拓跋赤辭라는 사람인데, 당나라에 복속하여 당태종으로부터 이씨 성을 받았다고 한다. 그러다 당나라 본토를 휩쓴 황소의 난이 일어나자 탁발적사의 후손인 탁발사공拓跋思恭이 사병을 이끌고 나가 반란 진압에 공을 세우고, 당나라 황실로부터 다시 이씨 성을 받았다고 한다.

탁발적사는 원래 당항족이라는 중국 감숙성의 부족을 이끌던 우두머리였다. 당항족은 탕구트의 한자식 표기인데, 탕구트족이 대체 어떤 집단인지를 두고 학계에서는 오랫동안 논쟁을 벌이고 있다. 대부분은 오늘날 티베트인에 해당하는 강족이라고 보고 있으나, 일부에서는 몽골 계통의 유목민인 선비족의 후손이라고도 한다.

여러 의견을 종합해 보면 탕구트족은 티베트인보다는 선비족에 더 가까운 것으로 보인다. 우선 탁발적사의 성씨인 탁발, 서기 4세기 만주 북부에 살다가 중국으로 남하해서 강력한 제국인 북위를 세운 탁

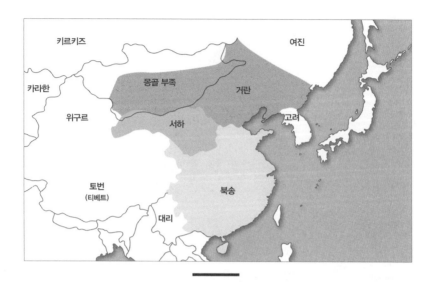

키르키즈

여진

카라한

몽골 부족

거란

위구르

서하

고려

토번
(티베트)

북송

대리

오늘날 중국 감숙성 지역을 지배했던 서하의 영토를 그린 지도. 서하는 거란과 여진 같은 북방 유목민과 중원의 송나라 사이에 끼었지만, 오히려 그런 관계를 잘 이용한 줄타기 외교로 많은 이득을 챙겼다.

서하의 악공들을 나타낸 그림. 서하인들의 양옆 머리카락을 보면 둥그렇게 땋은 것을 알 수 있다. 유목민들의 변발 문화로 보인다.

발선비족의 성씨와 같다. 또한 선비족은 용맹한 기마 유목 민족으로 유명했는데, 서하 역시 뛰어난 기병대로 송나라를 두렵게 했다. 그에 반해 강족과 티베트인은 기병보다는 보병에 익숙했다. 이런 배경으로 보면 탕구트족은 서쪽으로 진출했던 탁발선비족의 일파가 아니었나 생각된다.

국내적으로는 황제, 국외적으로는 왕
::

탁발사공 이후, 탕구트족은 그의 후손인 이계천이 지배했다. 986년, 송나라의 적국인 요나라는 탕구트족과 동맹을 맺고 함께 송나라에 맞서기 위해, 이계천에게 의성공주를 시집보내고 이계천을 하국왕夏國王에 책봉했다.

요나라의 지원을 얻자 더욱 기고만장해진 이계천은 1002년 3월, 송나라 영주 지역을 점령하여 '서평부'라고 이름을 고치고 수도로 정했다. 그러나 1003년 6월, 그는 기병 2만을 이끌고 인주를 포위했다가 송나라 군대의 역습을 당해 부상을 입고 1004년 1월에 사망했다. 이계천의 아들인 이덕명은 1012년에 아버지를 태조 효황제孝皇帝로 추종했다. 이때 이미 서하인들은 황제 칭호를 쓰고 있었던 것이다.

1021년, 이덕명은 대하국왕 책봉을 준 요나라와는 계속 우호 관계를 유지하면서, 송나라와 지속적으로 전쟁을 벌였다. 1023년, 그는 송나라 경주의 유원채를 습격했으며, 5년 후에는 아들 이원호에게 군사를 주어 감주를 점령하는 데 성공했다.

1031년 10월, 이덕명이 51세로 사망하자 이원호는 아버지에게 태종太宗 광성황제光聖皇帝라는 존호를 올리고 서하의 왕좌에 즉위했다.

서하의 영웅
이원호
::

이원호는 서하 역사상 최고의 영웅으로 평가받는 인물이다. 그의 치세에 서하는 송나라를 두렵게 하는 서북방의 강국으로 부상했다.《송사》에서는 그에 대해 "용감하고 지혜로웠으며 강인한 성품이었다. 전쟁을 다룬 병법서들을 즐겨 읽었으며 스무 살에 직접 군사를 이끌고 싸워 승리했다."라고 기록했다.

그는 집권하고 나서 서하의 관제를 대대적으로 개편하고 군대를 재정비했다. 주로 당나라와 송나라의 관제를 모방해 중서성, 추밀원, 삼사, 어사대, 개봉부, 농전사, 목사 같은 부서들을 설치했다. 그리고 군사들의 훈련을 위해 대규모 사냥 대회를 자주 열었으며, 사냥으로 얻은 고기를 부족장들에게 항상 공평하게 나눠 주고, 그들이 내놓는 의견 중 좋은 것은 바로 채택해서 민심을 얻었다.

1034년부터 이원호는 송나라와 전쟁에 돌입했다. 먼저 환경로를 들이쳐 약탈을 했으며, 송나라 군대가 후교를 공격하자 이에 대한 보복으로 용마령에서 송나라 군대를 격퇴시켰다. 또한 절의봉 전투에서 송나라의 장군 제종구를 생포했다.

다음 해인 1035년에는 서하군이 묘우성을 공격했고, 티베트의 일파인 안자라와 싸워 이겨 과주와 사주, 숙주를 점령했다. 이 밖에도 은주, 하주, 유주, 수주, 회주, 염주, 승주 등을 모두 서하군이 장악했다.

이원호의 또 다른 뛰어난 업적은 독자적인 문자를 만든 것이었다. 그는 자신이 직접 한자를 모방한 서하 문자를 만들었다. 그리고 그 문자를 이용해 대신인 야리인영에게 문법 체계를 정리하고 책을 만들도록 했다. 또한《효경孝經》과《사언잡자四言雜字》같은 중국의 고전들을 서하 문자로 번역하라는 지시를 내렸다.

1038년, 이원호는 단을 쌓고 책명을 만들어 황제에 올랐다. 그전까지 서하의 군주들은 송나라를 의식해 살아 있을 때는 황제라고 하지 못했는데, 이원호는 그런 불문율을 과감히 깨뜨려 버린 것이다. 이런 이유로 서하국의 진짜 역사는 이원호가 황제라고 칭한 1038년에 시작되었다고 보는 것이 정설이다.

칭제건원을 한 이원호는 다음 해인 1039년, 송나라에 사신을 보내 자신이 황제에 올랐고 천수례법연조天授禮法延祚라는 별도의 연호를 지정했다고 알렸다. 그러나 송나라는 이제까지 속국으로 간주한 서하가 황제라 칭하며 자신들과 대등한 관계에 서려는 처사를 매우 괘씸하게 여겨 서하와의 국경 지역에 연 시장인 호시互市를 폐쇄한 뒤, 이원호를 생포해 오거나 죽이는 자에게는 정난군 절도사라는 관직을 내려 주겠다고 선언했다.

그러나 1040년부터 서하와 송나라가 치른 전쟁은 시종일관 서하의 우세로 이어졌다. 섬서성 서북쪽 금명채를 공격한 서하군은 우선 송나라 관리인 도감 이사빈을 사로잡고 안원과 새문 등 여러 요새들을 함락시켰으며, 연주를 포위하던 도중 삼천구에 매복시킨 군사들로 송나라의 장수들인 유평, 석원손, 부언, 유발, 석손 등을 모두 생포했다. 그리고 현재의 중국 서부에 설치된 진융군을 들이쳐 장수 이위가 지휘하는 송나라군 5000명을 격파했다.

이듬해인 1041년 2월, 이원호는 위주를 공격하고 회원성을 압박했다. 그러자 송나라 대신 한기와 장수 임복은 1만 명의 건장한 청년들을 선발하여 군대를 편성하고, 서하를 공격하러 호수천으로 진격했다. 그러나 송군은 이원호가 직접 지휘하던 서하군 10만의 매복에 걸려들어 서하군에 포위되었고, 약 6시간에 걸친 처절한 혈전 끝에 절멸에 가까운 참패를 당했다. 장수인 임복과 그 아들인 임회량 등 주요 장수들이 모두 전사했을 만큼 치욕적인 대패였다.

승리한 서하군은 더욱 기세등등해져 그해 가을, 풍주성과 영원채를 공격해 점령하고, 송군의 보급로를 차단했다. 또한 1042년, 중국인 출신 모사 장원張元은 이원호에게 송의 서북 변경을 공격하도록 건의했고, 이원호는 이를 받아들여 10만의 군사를 모아 송을 침범했다. 오늘날 서북 지역 황허 강 중류 부근인 정천에서 벌어진 전투에서 송군은 장수인 갈회민과 17명의 장교들을 포함한 1만의 군사가 전사하는 등 큰 패배를 당했다.

하지만 1044년, 이원호는 송나라에 사신을 보내 매년 은 25만 냥과 비단 25만 필, 찻잎 25만 근을 준다면 더 이상 침략을 하지 않을 테니 전쟁을 멈추고 평화 조약을 맺자고 제안했다. 승승장구하던 서하가 왜 화의를 제안했을까?

비록 서하군이 송군을 연전연파하기는 했지만, 송나라와의 무역이 단절되는 바람에 서하 백성들은 큰 고통을 겪고 있었다. 서하의 산물 대부분은 송나라에서 들어오는 것들인데, 송나라가 서하와의 교역을 중단하니 서하인들은 생활에 필요한 물자를 구할 수 없어 고통스러웠던 것이다. 이런 국내 사정을 잘 알고 있던 이원호는 부득이하게 송나라와 화해를 하고 무역을 재개하기 위해 손을 내밀었던 것이다.

한편 화해를 제안받은 송나라 쪽에서도 서하군의 군사력이 강력하여 결코 만만하게 볼 수 없다는 사실을 깨닫고 이원호의 제안을 받아들이기로 했다. 송나라는 이원호의 요구를 모두 승인하는 대가로 이원호에게 황제 칭호를 버리고 송나라의 신하임을 인정하라는 조건 하나만 달았다. 이원호는 그 제안에 응했으나 송나라에 보내는 국서에만 자신을 신하라고 했을 뿐, 여전히 서하 국내에서는 황제라고 칭했다.

철기 부대와 외인부대를
운용하다
::

오늘날 중국 서북부의 감숙성과 청해성, 영하회족 자치구에 걸쳐 있던 서하는 영토나 인구 수에서 적국인 송나라보다 적었고, 그런 이유로 군대의 수를 늘리기 위해 징병제를 택했다. 서하는 남자 나이가 15세 이상이 되면, 모두 어른으로 간주하고 군역의 의무를 매겼다. 이원호가 살아 있을 시기에 서하군의 수는 총 50여만 명에 달했다.

모든 서하의 무관들은 검게 칠한 관(모자)을 쓰고 허리띠에 장식물을 달았으며 철퇴와 단도, 활과 화살을 차고 도롱뇽의 가죽으로 만든 안장을 말에 실었다. 그리고 서하 병사들에게는 말과 낙타가 한 마리씩 공급됐으며, 그 밖에도 한 개의 활과 500개의 화살과 깃발, 북, 창, 검, 몽둥이, 미숫가루, 양탄자, 도끼, 휴대용 천막, 보따리 등이 개인 장비로 지급되었다. 서하군은 젊고 용감한 사람을 전투병으로 삼았으며, 겁이 많거나 나약한 사람은 후방에서 농사를 지어 식량을 대도록 했다.

서하군에는 성을 공격하는 포병대도 있었는데, 이들은 특이하게도 낙타를 타고 다니며 그 위에 작은 휴대용 투석기인 선풍포旋風砲를 가지고 다니며 공격했다. 그러나 선풍포에 넣는 돌은 주먹만 한 크기여서, 위력은 약한 편이었다. 이들은 낙타를 타고 다녔기 때문에 기동성이 좋았다.

서하군에는 전쟁 포로들로 구성된 특수 부대인 '금생擒生'도 있었는데, 이들의 총 인원수는 10만이었다. 대개는 송과의 전투에서 생포한 한족 포로였고, 간혹 거란족이나 토번족도 있었다.

서하군에는 사람과 말이 모두 갑옷을 입은 중무장 기병, 즉 철기鐵騎 부대도 있었다. 서하인들은 이를 철요자鐵鷂子라 불렀는데, 갑옷이 두꺼워서 적의 공격에 잘 버텼으며, 병사들이 탄 말을 3~5마리씩 쇠갈고리로 단단히 묶었다. 철요자의 총 병력 수는 3000명 정도로 서하군 최정예 부대였다. 이들은 하루에 100리에서 1000리까지 달릴 수 있을 정도로 기동성이 뛰어났다. 철요자의 명성은 서하의 적국인 송나라에도 널리 알려져 있었는데, "땅 위에서는 당해 내기 어렵다."라는 말이 나올 정도였다.

보통 서하군은 열흘 이내로 전투를 끝내는 속전속결을 선호했고, 휴대 식량도 열흘분을 넘기지 않았다. 탁발선비족의 후손인 서하인들은 말을 잘 다루고 굶주림과 갈증, 더위와 추위를 잘 견뎠으며, 전황이 불리하면 재빨리 후퇴하여 남은 전력을 보존했다.

이 밖에도 서하군은 주변의 이민족들 중에서 활쏘기와 말타기에 뛰어난 자들을 5000명 뽑아서 육반직六班直이라 부르며, 매달 쌀 2석을 급료로 주었다.

서하에게는 외인부대로 복무하는 외부 동맹군도 있었는데, 횡산橫山에 사는 강족羌族의 일파인 산와山訛였다. 《송사》등의 사서를 보면 이들은 전투에서 서하인들보다 월등한 용맹성과 기량을 보여, 서하군보다 훨씬 강력했다고 평가받았다.

송나라를 두려워하지 않다

::

서하를 든든한 반석 위에 올려놓은 영웅 이원호는 1048년, 궁정 반란에 휩쓸려 세상을 떠났다. 그는 경종景宗 무열황제武列皇帝라는 시호를 받았고, 장남인 이양조가 권력을 승계해 차기 황제에 올랐다.

이양조의 치세인 1057년, 서하는 다시 송나라와 전쟁을 벌였다. 그러나 이번에도 전황은 서하가 유리했다. 와우봉 전투에서 송나라 장수 곽은과 황도원은 모두 서하군에 포로로 잡혔고, 송군은 서하군의 포위망에 빠져 참패를 당했다. 군사력에서 밀린 송나라는 무역 관계를 단절해 버리겠다고 서하를 협박하여 간신히 휴전을 할 수 있었다.

1067년, 이양조가 죽고 의종毅宗 소영황제昭英皇帝의 시호를 받았으며, 그의 장남인 이병상이 황제가 되었다. 그로부터 2년 후인 1069년 8월, 20만의 서하군이 중국 서북부 환경 지역을 침입하여 송나라 장수인 곽경과 고민 등이 모두 전사했다.

잇따른 서하군의 공격을 막기 위해 1071년, 송나라 장수 충악은 나올과 영락천, 상포평에 성과 요새를 쌓았다. 하지만 막상 그해 2월, 서하군이 공격해 오자 충악은 겁에 질려 아무것도 못 하고 있다가 모든 요새들을 빼앗겼다. 다른 송군 장수인 연달 역시 서하군의 공격을 받아 심한 부상을 입고 철수했다.

1081년, 서하는 심각한 내분에 휩싸여 큰 위기에 봉착했다. 귀화한 송나라인 장수 이청이 황제 이병상에게 황하 남쪽 땅을 송나라에게 주고 화의를 하자는 제안을 했는데, 이병상이 이를 받아들이자 분노한 그의 어머니 양태후가 이청을 죽이고 이병상으로부터 권력을 빼앗은 것이었다.

그러자 서하에 내란이 일어난 것을 빌미삼아 그들을 격파하여 세력을 약화시키려 했던 송나라 신종 황제는 무려 31만3000명의 대군을 전국 각지에서 동원해 서하를 침공했다. 늘 서하군의 침략에 당하기만 했던 송나라로서는 모처럼 서하 국내로 대대적인 반격을 하는 셈이었다.

그러나 권력을 잡은 양태후는 송군을 서하 영토 깊숙이 끌어들이고 그들의 보급로를 차단해, 굶주림에 지쳐 스스로 철수하게 하려는 작전을 폈다. 서하인들은 황하의 제방을 터뜨려 송군의 군량미 보급로를 끊었다. 굶주린 송군은 더 이상 싸울 의지를 잃고 철수했는데 때마침 눈까지 내려 2만의 병사들이 굶어죽고 얼어 죽는 피해를 입었다.

다음 해인 1082년 5월, 송나라 관리 서희는 20만의 대병력을 미지성 아래에 집결시키고 서하군의 공격에 맞서 싸웠다. 그러나 30만의 서하군은 철요자 부대를 앞세워 송군을 몰아붙였으며, 그 기세에 눌린 송군은 황급히 미지성 안으로 후퇴했으나, 열흘간의 공방전 끝에 서하군에게 모조리 전멸당했다.

1115년부터 1119년까지 4년 동안 벌어진 전쟁에서도 역시 승자는 서하였다. 이 전쟁에서 송나라는 무려 25만의 병력을 잃고, 요새인 장저하성을 빼앗기는 수모를 당했다. 그리고 1120년부터 송나라는 북방에서 새로 등장한 강적 금나라와 맞서 싸우느라 서하를 건드릴 여력이 없었다.

　1139년 즉위한 서하의 5번째 황제 이인효는 주변국인 금과 송 두
나라와 모두 우호 관계를 유지했으며, 그로 인해 서하는 오랜만에 평화
로운 시기를 맞았다. 이인효는 한족 어머니에게서 태어났는데, 모계의
영향 탓인지 유학에 심취하여 공자를 제사지내는 공묘를 세우고, 중국
식 법전을 만드는 등 중국 문화에 깊이 빠졌다. 이인효는 1193년에 죽
었는데, 인종仁宗 성덕황제聖德皇帝의 시호를 받았다. 그의 치세는 서하 역
사상 가장 안정적이었다.

칭기즈칸이라는 무서운 폭풍
::

1193년, 이인효의 장남인 이순우가 서하 6대 황제로 즉위했다. 그러나
그의 시대는 서하의 국운이 쇠퇴하던 때였다. 북방 초원에서 칭기즈칸
이 이끄는 몽골군이 무서운 폭풍처럼 서하를 강타했던 것이다. 1205년,
몽골군은 서하의 변방을 습격해 낙타 수만 마리를 약탈하고 철수했다.
하지만 이것은 본격적인 전쟁의 예고편에 불과했다.

　몽골의 침략이 있은 지 1년 후인 1206년, 이순우의 사촌 동생인 이
안전이 그를 죽이고 제위를 찬탈하여 서하 7대 황제에 올랐다. 불행히
도 2년 후인 1208년, 이번에는 칭기즈칸이 직접 이끄는 몽골 대군이 대
규모로 서하를 공격했다. 야전에서 몽골군에게 참패를 거듭한 서하군

은 수도로 도망쳐 성벽 안에서 몽골군에 항거했다.

하지만 몽골군은 수도를 함락시키기 위해 황하에 제방을 쌓은 뒤 터뜨리는 수공까지 동원하면서 서하를 압박했다. 결국 더 이상 몽골의 공격을 견디기 어려웠던 이안전은 1209년, 자신의 딸과 많은 비단을 몽골에 바치고 항복했다. 칭기즈칸은 일단 서하를 속국으로 삼은 것에 만족하고 몽골 초원으로 철수했다.

몽골의 위협을 모면한 이안전은 2년 후인 1211년, 종조카인 이준욱에게 제위를 빼앗기고 사망했다. 서하의 8대 황제인 이준욱은 몽골과의 전쟁에서 큰 피해를 입은 금나라도 자신들처럼 약해졌을 것이라 판단하고, 금나라의 땅을 빼앗기 위해 금나라를 자주 침범했다.

그러나 비록 몽골과의 전쟁에서 패배했다고는 하지만, 아직도 금은 만만치 않은 군사력으로 서하군의 침략을 번번이 격퇴했다. 그러는 가운데 서하의 군사력은 급속히 약화되었다.

1219년, 중앙아시아 원정을 계획하던 칭기즈칸은 서하에 사신을 보내 지원병을 파견하라고 요구했다. 하지만 이준욱은 금나라와의 전쟁에 골몰하던 터라 칭기즈칸의 요구를 거부했다.

7년 후인 1226년, 중앙아시아 원정에서 돌아온 칭기즈칸은 예전에 서하가 지원병을 안 보낸 일 때문에 서하를 벌한다는 명분을 내세워 서하를 침공했다. 그러나 사실은 금나라와의 전쟁으로 인해 서하의 군사력이 거의 다 소진되었다는 사실을 꿰뚫어 본 것이었다. 서하와 금나라는 서로 무의미한 전쟁을 반복하다가 몽골의 어부지리에 당한 것이었다.

서하의 성벽을 공격하는 몽골군을 상상한 그림.

몽골의 침입이 시작된 해인 1226년에 이준욱은 사망했고 그의 먼 친척인 이덕왕이 즉위했다. 그러나 이덕왕도 같은 해에 죽었고 이현이 제위에 올랐으니, 그가 서하의 마지막 군주였다.

몽골군에 비해 모든 면에서 열세였지만, 그래도 서하인들은 끝까지 힘을 합쳐 몽골군에 맞섰다. 하지만 수도인 중흥부에 대지진이 일어나 성벽이 무너지고 수많은 사람들이 죽었으며, 몽골군의 포위가 계속되어 물과 식량이 바닥나 굶주림에 시달렸다.

결국 1227년, 이현은 몽골에 항복했으나 서하는 결코 무사하지 못했다. 칭기즈칸은 서하인들이 다시 저항하지 못하도록 이현을 포함한 서하 황족들과 수많은 서하인들을 학살했고, 서하의 모든 성과 요새를 파괴해 버렸다. 그리하여 약 200년에 걸친 서하의 역사는 끝이 나고 말았다.

쓸쓸한 흑장군의 전설
::

서하가 멸망한 이후, 서하인들은 어떻게 되었을까?

일반적인 통설과는 달리, 서하인 전부가 몽골군에게 죽은 것은 아니었다. 1276년, 옛 서하 황족 출신인 이항이라는 장수가 서하 지역의 청년들로 이루어진 '익도신군'이라는 2만의 군대를 지휘하여 원나라의 남송 정복에 동참했다. 그리고 원나라 궁궐을 지키는 숙위군 중에는

3000명의 서하인들이 포함되어 있었다.

한자를 개량해 만든 서하 문자 역시, 서하가 망한 후에도 한동안 계속 사용되었다. 원나라 황제 성종은 1298년, 서하 문자로 쓴 불교 경전《법화경》을 발행했다. 원나라 이후에 들어선 명나라에서도 1502년, 서하 문자로 하북성 보정에 있는 경당(경문을 새긴 돌기둥) 2채에 글을 새겼다.

이 밖에도 몽골군을 피해 달아난 서하인들이 남긴 흔적들이 중국 변방에서 속속 발견되었다. 1931년, 영국인 학자 율분드는 사천의 사투리 중 하나인 가용어嘉隆語가 옛 서하인들이 사용한 언어라고 발표했다. 또 1944년 사천대학 교수인 등소금은 사천성 강정 목아 지역 주민들이 바로 서하인들의 후예라고 주장했다. 그런가 하면, 오늘날 중국 영화회족 자치구의 주민들이 서하인의 후손이라는 주장도 있다.

한편 서하가 있던 중국 감숙성 지방에는 '흑장군黑將軍'의 전설이 내려온다. 검은 갑옷을 입은 장군이 칭기즈칸이 이끄는 몽골군에 맞서 싸웠다는 내용인데, 망국의 순간까지 몽골군에 항거한 서하인들의 역사가 반영된 흔적일 것이다.

유명한 여행가인 베네치아의 마르코 폴로는 자신의 책인《동방견문록》에서 중국 북부를 '카타이'라고 불렀고, 예수회의 마테오 리치도 각각 1575년과 1607년에 중국에 도착해서 중국을 '카타이'라고 했다. 카타이는 중세와 르네상스 시대에 이르기까지 유럽에서 중국 북부를 가리키는 말로 널리 쓰였고, 오늘날에도 '카타이' '케세이' 등이 중국을 가리키는 별칭으로 사용되고는 한다. 이 이름들은 200년 동안 중국 북방을 지배했던 '키타이Khitai', 즉 거란족의 이름에서 유래했다. 거란의 위세는 한때 해외에서 중국을 뜻하는 대명사로 쓰일 만큼 막강했던 것이다.

거란족

몽골제국의 선배가 된
유 목 민 집 단

고구려의 골칫거리, 수나라와 손잡다
::

거란은 한자로 '계단契丹'이라고 쓰는데, 원래 이름은 '키타이'로, '칼날'이라는 뜻이다. 거란은 대체적으로 선비족에서 갈려져 나온 집단이 흉노의 남은 잔당들을 흡수한 데서 기원했다고 본다. 선비족은 본래 동호족의 후손으로 몽골 계통의 유목민이다. 이건 나중의 일이지만 칭기즈칸 시대 거란족은 몽골족과 언어와 풍습이 거의 같았다고 한다.

한편 우리 역사에도 거란은 일찍부터 등장했다. 고구려 광개토대왕이 거란족을 공격하여 그들이 납치한 고구려 백성 1만 명을 구출해 온 일(392년 9월)과 거란족이 세운 나라로 추정되는 비려를 쳐부수고 역시 붙잡혀 간 고구려 백성들을 구출해 낸 일(395년)은 대왕의 대표적인 업적들로 꼽힌다.

하지만 초기의 거란은 그다지 강력한 집단이 아니었다. 다음은 중국 역사서인《수서隋書》에 언급된 거란 관련 기록들이다.

거란은 고막해족(동호의 후손)과 같은 족속이다. 요동 북쪽에 거주했고 돌궐족과 풍습이 비슷했다. 부모가 죽어도 울지 않는데, 나약하게 보일 것을 염려했기 때문이다.

북위 시절, 고구려의 공격을 피해 1만 호의 부족들이 중국으로 피신했다. 수나라 개황 5년(585년), 여러 추장들이 수나라를 방문하여 수문제를 알현했다. 거란의 일파인 출복 부족이 고구려와 동맹을 끊고 수나라로 오려 하자 황제가 그들의 이주를 허락했다.

수가 늘어나자 요서 북쪽 200리로 거주지를 옮겨, 동서로 500리, 남북으로 300리를 점유하며 10개의 부족으로 나뉘어 살았다. 최대 3000명의 군사들을 낼 수 있었으며, 전쟁을 하려고 하면 여러 추장들이 합의를 하여 결정했다. 가축을 기르고 유목 생활을 했다.

수나라가 들어설 때만 해도 거란족은 그다지 강하다고 할 수 없는 규모의 집단이었다. 동원할 수 있는 최대 병력이 고작 3000이라면, 몽골 초원을 근거지로 활동했던 유연이나 돌궐보다도 훨씬 못한 숫자라고 할 수 있다.

서기 6세기 말, 약 300년 동안 분열 상태에 있었던 중국은 수나라에 의해 통일되었다. 그러자 수나라 주변 세력들은 자연히 수나라에 복속되었는데, 거란도 수나라에 접근하여 그들의 도움을 받으려 했다.

수나라가 고구려와 전쟁을 치르는 사이, 거란은 점차 강력해졌다. 거란이 고구려와 친해질 것을 우려한 수나라가 많은 물자를 원조해 주었고, 고구려가 수나라와 싸우느라 신경을 못 쓰는 틈을 타서 고구려

매사냥에 나선 거란의 귀족을 묘사한 그림.

변경을 습격해 많은 백성들을 납치해 갔기 때문이다.

고구려 전쟁의 패배와 중원에서의 반란으로 수나라가 망하고 당나라가 들어서자 거란족은 당나라에 복속했다. 당나라도 수나라처럼 적국인 고구려를 견제하기 위해 거란에 물자들을 대폭 지원해 주었고, 특히 황실의 공주를 거란족 추장에게 시집보내며, 거란 추장에게 당나라 황실의 성인 이씨 성을 하사하기까지 했다. 수나라 때보다 한층 더 파격적인 혜택이었다.

그래서 거란족은 당나라가 고구려를 침공할 때, 군사를 보내 당군과 함께 고구려를 공격했다. 한 예로 654년, 거란족 추장 이굴가는 당나라군과 함께 신성에서 고구려군과의 싸움에서 승리하여 당나라로부터 좌무위장군이란 벼슬을 받았다.

당나라를 공포에 떨게 한 거란족의 반란
::

그런데 고구려가 망하고 27년 후인 695년, 거란족은 당나라에 맞서 대대적인 반란을 일으켰다. 자신들을 대폭적으로 지원해 주던 당나라였지만, 더 이상 그들의 속국이 아닌 자주적인 국가로서 동등한 관계를 갖기 원했던 것으로 보인다.

반란의 지도자인 이진충은 거란 추장 이굴가의 손자로, 당나라 수도인 장안에 오랫동안 인질로 잡혀 있던 경험이 있어 당나라의 지리와 내부 사정을 잘 알았다. 이진충은 자신을 '더 높은 곳이 없는 최고의 왕' 이란 뜻의 무상가한無上可汗이라 칭하며 거란족의 독립을 외쳤다.

이진충은 처남인 손만영을 장군으로 임명한 뒤, 약 20일 동안 수만 명의 병사들을 이끌고 주변 지역들을 공격해 닥치는 대로 약탈을 일삼 고 저항자들을 죽이며 살아남은 자들을 항복시켰다. 이진충은 자신의 군대가 10만이나 된다고 과장하면서 섬서성에 있는 숭주를 침략했다. 그곳에서 반란을 토벌할 책임을 맡은 관리인 토격부사 허흠적을 생포 하여 더욱 기세를 떨쳤다.

반란 소식을 들은 당나라의 실권자 측천무후는 응양장군 조인사, 금오대장군 장현우, 우무위대장군 이다조, 사농소경 마인절을 포함한 28명의 장군들에게 거란족을 진압하도록 명령했다. 그러나 서협석황 장곡에서 벌어진 거란군과의 일대 격전에서 당군은 사령관인 장현우와 마인절이 생포되는 대참패를 당했다.

당의 정예군이 거란족 반란군과의 전투에서 패배했다는 사실은 거 란군의 전투력이 결코 당군보다 떨어지지 않았음을 보여 준 사례였다. 이는 이진충과 손만영이 당에 봉사하는 번병(외인부대)으로 오랫동안 복무하면서 당군의 전략과 전술에 대해 잘 알고 있었기 때문일 것이다.

서신을 통해 서협석황장곡 전투의 패전을 알게 된 측천무후는 장안 과 당나라 각지의 노비들 중에서 용감한 자들을 고른 뒤, 그들의 주인에 게 돈을 주고 사들여 병사로 삼게 할 정도로 크나큰 위기감을 느꼈다.

한편 승리한 이진충은 평주를 공격했지만 당군에게 막혀 물러났다. 그리고 현재 북경 인근의 단주를 들이쳤으나, 청변도부총관 장구절이 이끄는 군대에게 습격을 당해 철수했다. 이때 이진충이 갑작스레 죽었는데, 전사했다는 기록이 없는 걸로 보면 피로가 누적된 과로사이거나 부상 악화에 따른 죽음이었을 것으로 추측된다.

이진충이 죽자 손만영이 새로운 거란의 지도자가 되었으며, 그는 기주를 공격해 자사 육보적과 수천 명의 당나라 백성들을 학살하여 거란의 건재함을 과시했다.

한편 이진충의 사망 소식을 접한 측천무후는 거란족을 제압할 절호의 기회라고 보고, 하관상서 왕효걸과 우림위장군 소굉휘에게 17만의 대군을 주어 거란을 공격하도록 명령했다. 하지만 당군은 병력 수에서 압도적으로 유리했음에도 동협석 전투에서 총수인 왕효걸을 포함한 수많은 병사들이 전사하는 패배를 당했다. 승리한 손만영은 유주와 영주의 현들을 공격하고 약탈과 파괴를 일삼았다. 우무위대장군 무유의가 장군을 보내 그들을 토벌하려 했으나 실패하고 말았다.

그러나 당나라에게는 몇 번을 패해도 얼마든지 보충할 수 있는 병력이 대기하고 있었다. 측천무후는 신병도대총관 무의종과 청변도대통관 누사덕, 청변중도전군총관 사탁충의에게 20만의 대군을 주어 손만영을 공격토록 명령했다. 그와 동시에 신변도총관 양현기는 해족으로 이루어진 군대를 이끌고 거란군의 후방을 기습했다. 즉, 측천무후의 전략은 20만 대군으로 손만영의 군대를 정면으로 압박하면서, 양현기의

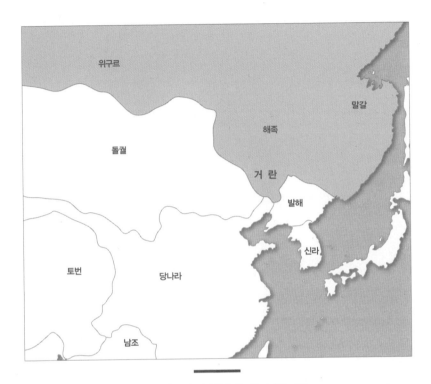

서기 700년 무렵, 거란족의 영토를 표기한 지도.

별동대가 거란군의 후방을 찌르는 양동작전이었다.

　이 계획은 제대로 적중하여 전방의 20만 대군에만 신경 쓰고 있던 거란군은 갑자기 후방에서 들이닥친 당군의 공격에 놀라 허둥대다가 크게 패배했고, 용맹을 떨치던 장수인 이해고와 낙무정은 모두 당군에게 투항했다.

　해족으로 구성된 당군은 계속 거란군을 거세게 몰아붙였으며, 사태가 불리해지자 손만영은 황급히 도망쳤는데, 이 과정에서 수많은 거란군이 당군에 항복하거나 달아났다. 노하 동쪽으로 달아난 손만영은 자신이 부리던 노비에게 죽임을 당했고, 노비는 주인의 목을 당군에 바쳤다. 손만영의 죽음이 확인되자 장안의 당 조정은 일제히 환호하고 전국에 죄수들을 사면해 주었으며 승리를 기념하기 위해 연호를 '신성한 공적神功'으로 바꾸었다.

이로써 거란족이 야심차게 추진한 독립의 꿈은 1년 만인 697년에 수포로 돌아갔다. 당군에 항복한 이해고와 낙무정은 각각 좌옥금위대장군과 우무위위장군에 임명되어, 당군을 거느리고 동족인 거란족들과 싸워야 했다.

이진충의 반란은 실패했으나 거란족은 독립의 꿈을 포기하지 않았다. 732년, 거란의 부족장인 가돌우는 당에 맞서 반란을 일으켜 당나라 장수인 유주부총관 곽영걸과 오극근을 포함한 당군 1만 명을 전사시켰다. 당나라 현종 황제는 유주장사 장수규를 보내 가돌우를 토벌케 했고, 장수규를 두려워한 가돌우는 돌궐로 달아나려 했으나, 부하인 이과절에게 피살되었다. 745년에도 거란의 추장인 이회수는 당나라 정락공주와 결혼했다가 곧바로 그녀를 죽이고 당나라에 반기를 들었다가 당나라 장수 안록산에게 패배했다.

당나라 의종 황제 무렵인 함통 연간(860~874)에는 습이지라는 자가 나타나 거란족의 왕이라 칭했다. 습이지가 죽자 친척인 흠덕이 권력을 물려받았다. 그는 8개로 줄어든 거란 부족 간의 분쟁을 방지하기 위해 부족들이 합의하여 왕위를 세습이 아닌 3년마다 서로 다른 사람에게 넘겨주는 법을 만들었다.

영웅 야율아보기의 등장
: :

872년, 훗날 거란을 명실상부한 북아시아의 강대국으로 만들 위대한 영웅 야율아보기가 질랄부에서 태어났다.

어릴 적부터 영리했던 야율아보기는 큰아버지인 흠덕의 총애를 받고 일찍부터 장군에 임명되어 각지를 원정하며 전공을 세웠다. 901년, 야율아보기는 실위와 해족을 공격하여 많은 포로들을 잡아 개선했다. 902년에는 당나라의 하동과 대군을 습격하여 9개의 고을을 함락시키고 9만5000명의 포로와 많은 가축들을 노획했다. 903년 10월에는 당나라 하북의 계주 북쪽을 습격하여 포로들을 잡아왔다. 야율아보기의 눈부신 활약상에 흠덕은 그를 군사와 정치의 고관직인 우월于越 총지군국사總知軍國事에 임명했다.

해가 바뀐 904년에도 야율아보기의 원정은 계속 이어졌다. 같은 해 9월, 야율아보기는 현재 내몽골 지역에 살던 유목민 흑거자실위족을 공격했다. 이때 당나라 노룡군절도사에 소속된 장수 조패가 수만의 군사를 이끌고 쳐들어오자, 야율아보기는 매복전을 벌여 당군을 격파하고 조패를 생포했으며, 곧이어 흑거자실위와도 싸워 이겼다.

이처럼 연전연승하는 야율아보기는 거란족의 열렬한 신망을 한 몸에 받았고, 906년 12월에 흠덕이 죽자 많은 사람들의 추천을 받아 907년 1월, 왕위에 올랐다. 거란의 왕이 된 야율아보기는 예전에 하던 대로 실위와 해족, 중국의 군벌 세력들을 격파하고 굴복시키는 원정에 몰두했는데, 911년 그의 동생들인 야율랄갈과 야율질랄, 야율인저석과 야율안단 등이 반란을 도모하다 발각당했다. 그런데 놀랍게도 야율아보기는 동생들의 배신에도 불구하고 계속 그들을 용서하고 사면해 주었다. 그는 동생들을 도와 역모에 동참한 300명의 부하들과 야율랄갈의 아내인 할랄기만 처형했을 뿐, 네 동생들은 모두 살려 주었다.

4년 동안 계속된 역모 사건이 끝난 916년, 여러 부족의 대인들이 3년으로 제한된 임기를 넘기고도 계속 집권하고 있는 것을 트집 잡아 야율아보기에게 물러나라고 압력을 가했다. 이에 야율아보기는 대인들을 초청해 술과 음식을 대접하다가, 미리 숨겨 둔 병사들을 불러 그들을 모두 죽였다. 이로써 야율아보기의 장기 집권을 막을 반대 세력은 모두 제거되었다.

그리하여 같은 해, 아율아보기는 2차 즉위식을 올렸다. 이미 907년에 올린 즉위식과는 달랐다. 그때는 거란 부족들의 연맹체 수장에 불과했지만, 이제는 명실상부한 전제 군주로서 즉위하는 것이었다. 야율아보기는 그해 2월 대성대명천황제大聖大明天皇帝로, 아내인 술율씨는 응천대명지황후應天大明地皇后라는 존호를 신하들에게 받고 모든 거란인들을 다스리는 황제에 올랐다.

황제가 된 야율아보기는 거란 서쪽의
세력인 돌궐과 당항, 사타부 등 여러 부족
들을 굴복시키고(916년 7월), 거란 문자를
만들었으며(920년), 발해를 멸망시켜(926년
1월) 거란의 위세를 크게 떨쳤다. 거란 문
자는 한자를 본따서 만들었는데, 한족과 구
별되는 거란족의 집단의식을 키우는 데 큰
공헌을 했다. 한때 '해동성국'이라 불리며
융성했던 발해는 거란의 기습 공격에 수도
인 홀한성이 함락되고 국왕 대인선이 사로
잡히는 바람에 일거에 몰락했다.

요나라 태조 황제
야율아보기.

야율아보기의 치세 기간에 거란은 중국 북방의 모든 세력들을 지
배하는 강대국으로 발돋움했고, 200년 동안 중국과 대립할 수 있는 기
반을 확보했다. 발해를 정복한 해인 926년 7월, 야율아보기는 55세의
나이로 사망했다.

중원을 지배할 뻔했던 거란족

야율아보기가 죽자 그의 장남인 야율배와 차남인 야율덕광 사이에 권
력 다툼이 일어났다. 일찍이 야율아보기는 발해를 무너뜨린 이후, 발해

영토에 괴뢰국가인 동단국東丹國(동쪽의 거란)을 세워 야율배를 국왕인 인황왕人皇王에 임명했다. 그러나 차기 황제 자리는 차남인 야율덕광에게 넘겨주었다. 야율배는 이런 처사에 불만을 품고 동생과 대립했으나, 힘에서 밀리자 가족을 데리고 후당으로 도망쳤다. 나중에 후당이 거란 병사들의 도움을 받은 후진에게 망할 위기에 처하자, 후당 황제 이종가는 신하인 진계민과 이언신을 보내 야율배를 죽였다.

야율덕광은 아버지가 이루지 못한 중원 정복의 야망을 품었는데, 그의 꿈을 실현화할 기회가 뜻하지 않게 찾아왔다. 후당의 장수인 석경당이 권력을 잡기 위해 야율덕광에게 도움을 청하면서, 그 대가로 만리장성 남쪽 영토인 연운 16주를 넘기겠다고 제안한 것이다. 연운 16주를 거란이 얻게 되면 중원 깊숙이 마음대로 뻗어 나갈 수 있으니, 거란으로서는 최고의 요충지를 확보하는 셈이었다. 야율덕광은 흔쾌히 석경당의 제안을 받아들여, 자신이 직접 거란군 5만을 이끌고 남하하여 석경당을 포위했던 후당군을 격파하고 석경당을 구출했다.

거란의 도움으로 살아난 석경당은 황제가 되어 나라 이름을 후진으로 고쳤다. 그리고 거란에 보답하는 의미로 자신보다 열 살이나 어린 야율덕광(37세)을 아버지라 불렀으며, 약속대로 연운 16주를 모두 거란에 넘겨주는 한편, 매년 거란에 비단 30만 필을 공물로 바쳤다.

그러나 942년, 석경당이 죽고 그의 조카인 석중귀가 황제가 되자 재상인 경연광은 거란 관리에게 "현재의 후진 황제는 거란의 도움 없이 제위에 올랐으니 결코 거란의 신하가 아니다. 우리에게는 10만의 날카로운 검이 있으니 결코 업신여기지 마라."라는 말을 야율덕광에게 전하면서 거란에 맞섰다.

하지만 946년, 야율덕광이 직접 대군을 이끌고 쳐들어오자 후진은 연전연패를 당한 끝에 힘없이 멸망하고 말았다. 10만의 검이 있다고 큰소리쳤던 경연광은 거란군에 사로잡혔다가 수치를 감당하지 못하고 자살했다.

후진의 영토를 점령한 야율덕광은 947년 2월, 나라 이름을 거란에서 요遼로 고치고, 자신이 요와 중국을 모두 다스리는 황제라고 선언했다. 만약 그대로 요나라가 중원을 지배하는 데 성공했다면, 이후 송나라는 등장할 수도 없었을 것이고, 중국의 역사는 크게 바뀌었을 것이다.

그러나 요나라 병사들이 중원 각지에서 저지른 난폭한 행동으로 인해 그러한 기회는 사라져 버렸다. 한 예로 하남성 상주에서 요나라 관리가 현지 주민들에게 죽임을 당하자, 야율덕광은 직접 병사들을 이끌고 10만 명에 달하는 주민들을 모조리 죽이고 여자들을 전부 노예로 삼아 요나라로 보냈다. 요나라 병사들이 자행하는 살육으로 수많은 후진 백성들이 죽어 가자 중원 각지에서 분노로 가득 찬 백성들이 잇달아 봉기군을 일으켜 요나라를 위협하기에 이르렀다. 뜻밖의 사태에 놀란 야율덕광은 "백성들의 곡식과 재산을 빼앗은 것이 잘못이었다."라고 탄식하며 요나라 본국으로 돌아가다가 병이 나서 죽고 말았다.

송나라와의 전쟁과 대립,
그리고 타협

::

야율덕광의 사망으로 요나라는 중국을 지배하려는 야심을 포기했다. 그러나 중원에서 완전히 손을 뗀 것은 아니었다. 951년 유숭이 현재 중국 동부 태원에 세운 나라인 북한北漢은 960년 건국한 송나라의 위협에 시달리다가 요나라의 도움을 빌려 송나라를 막아 내려 했다. 그래서 요나라는 북한이 멸망하는 979년까지 28년 동안 북한에 영향력을 행사할 수 있었다.

하지만 979년 3월, 송나라의 두 번째 황제인 태종 조광의는 직접 대군을 이끌고 북진하여 북한을 도우려던 요나라군을 백마령에서 격파했다. 장수인 야율적렬과 도민, 당괄 등이 전부 전사했을 만큼 요는 큰 피해를 입었다. 승리한 송군은 곧이어 4월, 북한의 수도인 태원을 포위하여 맹렬한 공격을 가한 끝에 다음 달인 5월, 마침내 북한을 멸망시켰다.

북한을 없앤 조광의는 내친 김에 그대로 요나라가 차지하고 있던 연운 16주마저 빼앗으려고 했다. 그리고 같은 해 6월, 역주와 탁주를 점령하고 요나라 장수 해저와 소토고가 이끈 군대를 패주시켰다. 연승한 송군은 요나라의 대도시인 남경(현재 북경)을 포위하고 공격을 퍼부었으나, 성벽이 높고 튼튼한 데다 태원 공성전의 피로가 풀리지 않아 병사들이 지쳐 있었다.

아무리 공격해도 승산이 안 보이고 군량마저 떨어져가자, 조광의는 일단 후퇴하기로 결정했다. 그러나 요나라의 명장인 야율휴가와 야율사진이 대군을 이끌고 송군을 추격했다. 송군과 요군은 고량하 전투에서 치열한 전투를 벌였으나, 야율휴가가 별동대를 편성하여 밤중에 강을 건너와 송군의 측면을 기습하자 송군은 크게 놀라 전군이 붕괴되었다. 조광의는 간신히 나귀가 끄는 수레를 타고 요군의 추격을 피해 달아났다.

7년 후인 986년 조광의는 장수 조빈에게 20만 대군을 주어 다시 요나라를 공격해 연운 16주를 빼앗으라 했다. 하지만 이번에도 전세는 요나라에게 유리했다. 요군의 총수인 야율휴가는 송군의 보급로를 차

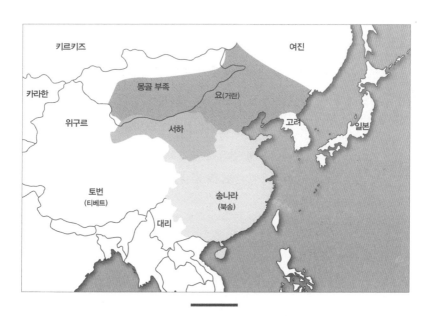

1025년, 요나라의 위세가 최고에 달했을 때의 영토.

단하여 그들을 궁핍하게 만든 다음, 대대적으로 기습을 가해 달아나는 송군을 사하라는 작은 강에 몰아넣고 철저하게 궤멸시켰다. 이 전투에서 셀 수 없는 송군이 죽었다.

사하 전투의 패배로 송나라는 연운 16주를 무력으로 빼앗으려는 계획을 포기하고 요나라와 적대적인 대치 상태로 접어들었다. 두 나라 모두 상대방의 거센 저항에 부딪쳐 서로 위협만 할 뿐이었다. 결국 1004년, 매년 송나라가 요나라에 은 10만 냥과 비단 20만 필을 주는 대신, 요나라도 송나라의 영토를 더는 침략하지 말고 두 나라가 형제의 관계를 맺자는 '전연의 맹약'을 맺고 전쟁을 중지했다.

전연의 맹약이 체결된 해는 성종聖宗(982~1031) 황제가 요나라를 다스리던 시기였다. 그의 치세는 거란·요 역사상 최고의 전성기로 북으로는 흑룡강, 서로는 몽골 초원, 동으로는 연해주, 남으로는 연운 16주에 이르는 방대한 영토가 모두 이들의 지배하에 있었다.

성종은 동남쪽의 고려를 굴복시키기 위해 993년, 1010년, 1016년, 1018년, 1023년 등 여러 차례 집요하게 침략했으나 모두 실패했다. 우리가 잘 아는 귀주대첩과 강감찬 장군의 일은 1018년에 있었다.

여진족의 반란
::

전연의 맹약과 고려 원정의 실패로 인해 요나라는 더 이상의 영토 확장을 포기하고 평화 공존의 상태로 접어든다. 평화는 좋았으나 요의 지배층들은 송나라 문화에 젖어 사치를 일삼고, 이를 유지하기 위해 백성들에게 각종 세금을 더욱 많이 걷기 시작했다. 그러자 백성들 사이에는 불만이 점점 높아져 갔다.

특히 요나라 황족들의 사냥에 쓰이는 매 해동청海東靑은 모두 만주 동쪽과 연해주에 살던 여진족이 바치는 공물이었다. 요나라의 마지막 황제인 천조제는 해동청을 이용한 사냥을 좋아했는데, 해동청은 험준한 낭떠러지에 살아서 이 매를 잡으려다 사람이 떨어져 죽기 일쑤였다. 그래서 해동청을 잡아 바치라는 요나라의 요구가 심해지면, 여진족들은 모두 분개하여 치를 떨었다.

1112년 2월, 천조제는 운명의 만남을 경험한다. 만주 동부 혼동강에 가서 인근 지역의 여진족 추장들을 불러 잔치를 열던 중, 술에 취한 상태에서 여진 추장들에게 흥을 돋우기 위한 춤을 추라고 지시했다. 그런데 완안부 족장인 아골타(1068~1123)는 황제의 명을 거부하고 끝까지 춤을 추지 않은 것이다. 이에 불쾌감을 느낀 천조제는 그를 죽이려 하였으나, 추밀사 소봉손이 "너무 가혹한 벌입니다." 하고 간곡히 말려 그만두었다.

그러나 얼마 못 가 천조제는 아골타를 살려 둔 일을 후회하게 되었다. 1114년, 아골타가 부족의 군사를 모아 인근의 흘석렬 부족을 공격해 실력자인 아소가 요나라로 도망친 사건이 발생한 것이다. 그러자 아골타는 "아소를 돌려주지 않으면 조공을 영원히 끊고 성과 요새를 계속

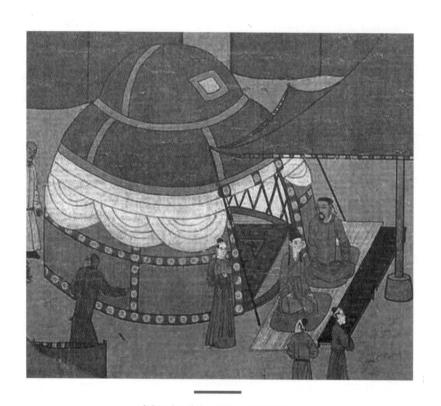

장막을 치고 잔치를 벌이는 거란족의 모습.

만들겠다."라며 일종의 협박성 통첩을 보냈다.

아골타의 오만함에 분노한 천조제는 해족과 중경의 수비군, 각지에서 선발한 7000명의 군사를 동원해 그를 토벌하도록 했다. 그러나 요나라군은 1114년 10월, 지금의 길림성에서 벌어진 전투에서 혼동강을 건넌 여진족 별동대에 기습을 당해 아율불류와 소갈섭, 최공의, 형영 등 주요 사령관들이 모두 전사하는 참패를 당했다.

다음 달인 11월, 알린박 동쪽에 진을 치고 있던 도통 소적리 휘하의 요나라군도 여진족과의 전투에서 참패했다. 이 사건에 자극을 받은 상주, 함주, 빈주, 철려, 올야 등이 전부 여진에 항복했다.

잇따른 요나라군의 참패에 천조제는 여진족의 힘이 만만치 않음을 깨닫고, 해가 바뀐 1115년 11월, 장수 소특발과 소찰랄에게 기병 5만과 보병 40만, 친군 70만 등 대군을 주어 여진을 토벌하게 했다.

그러나 시대의 운명이 요나라를 버린 것인지, 황족인 야율장가노와 야율출자가 12월에 반란을 일으켰다. 여진 토벌을 위해 편성된 대군은 이 반란 진압에 투입됐고, 천조제가 직접 군대를 이끌고 호보답강에서 그들과 싸웠으나 크게 참패하고 말았다. 요나라군은 다시 전열을 가다듬고 두 반역자와 싸워 그들을 죽이는 데 성공했지만, 내분을 겪느라 국력이 더욱 약해져 있었다.

1117년 봄, 요나라의 춘주와 여고, 피실과 태주 등 4개의 고을이 모두 여진군에게 항복했으며, 12월에는 도원수 야율순이 질려산에서 여진군과 전투를 벌였으나 참패했다. 계속되는 승리에 기세가 등등해진 아골타는 마침내 새로이 금나라를 세우고 자신을 황제라 칭했다.

1118년, 갈수록 막강해지는 금나라의 힘에 겁을 먹은 천조제는 황족 야율노가를 사신으로 금나라에 보내 평화 협상을 벌였는데, 1120년 2월, 천조제가 몰래 고려에 지원군을 요청한 사실이 발각되면서 협상이 파탄 나고 말았다. 아골타는 이것이 비열한 배신이라고 성토하며, 1120년 3월 요나라와의 모든 협상을 중단하겠다고 선언했다.

1121년에는 계속된 전쟁 끝에 요나라의 국토 절반이 전부 금나라에게 점령되었다. 더 이상 버티기가 힘들어진 천조제는 산서성 운중으로 피신했으나 금나라 군대는 추격을 멈추지 않았다. 그해 8월, 천조제는 석련역에서 금나라 군대와 싸웠으나 참패하고 황급히 달아났다. 12월에는 요나라의 남경마저 금나라에 떨어졌다.

요나라를 두렵게 했던 금나라 황제 아골타가 1124년 8월에 죽었으나, 새 황제로 즉위한 아골타의 동생 오걸매는 요나라에 대한 전쟁을 계속 추진했다. 1125년 2월, 금나라 군대의 추격을 피해 고비 사막과 음산 산맥 일대를 떠돌던 천조제는 마침내 산서성의 신성 부근에서 금나라 장수 완안누실에게 생포당했다. 금나라로 끌려간 천조제는 오걸매로부터 '바닷가의 가난한 왕海濱王'이라는 조롱 섞인 칭호를 받고, 연금당해 살다가 그해 8월, 54세의 나이로 죽었다.

거란의 마지막 불꽃, 서요

::

천조제가 죽었다고 요나라가 완전히 망한 것은 아니었다. 금나라의 손을 용케 벗어난 황족 야율대석은 멀리 북쪽인 몽골 초원으로 피신하고, 현지 주민들에게 도움을 요청해 1만의 군사를 얻었다. 그리고 현재 중국 신강성 서쪽인 중앙아시아로 진격했다. 당시 중앙아시아는 이슬람교를 믿는 투르크인들이 지배하고 있었는데, 갑자기 낯선 이방인인 거란족이 쳐들어오자 이를 경계한 카라한 왕조와 셀주크투르크인들은 서로 힘을 합쳐 거란족에 맞서 싸웠다.

그러나 우즈베키스탄의 유서 깊은 대도시 사마르칸트 인근에서 벌어진 결전에서 망명자들로 구성된 거란족은 투르크족 연합군에게 완벽한 대승리를 거두었다.

이 승리로 말미암아 중앙아시아의 투르크족들은 모두 야율대석에게 굴복했으며, 1124년 2월 5일 야율대석은 38세의 나이로 황제에 올랐다. 그는 발라사군을 수도로 삼고 나라 이름을 서요西遼라고 정했다. 야율대석은 1126년 3월, 7만의 기병을 거느리고 원수 금나라에게 복수를 하기 위해 직접 출정했으나, 가는 도중에 장마가 와서 말들이 집단 폐사하자 할 수 없이 회군했다. 1143년 야율대석은 사망했고 신하들로부터 덕종德宗이라는 묘호를 받았다.

야율대석의 후손들은 1211년까지 서요의 제위에 올랐다. 서요 백성들의 절대다수는 무슬림이었고 지배층인 거란족은 불교를 믿었다.

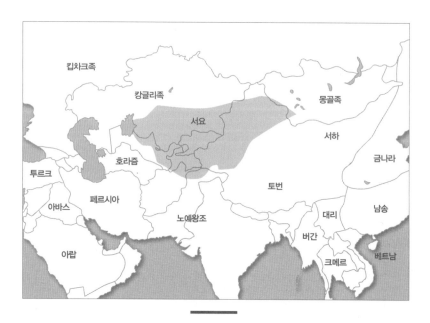

중앙아시아에 들어선 서요. 서구 학계에서는 '카라 키타이'라고 부르는데,
'검은 거란'이란 뜻이다.

그러나 거란족은 백성들에게 불교를 믿으라고 강요하지 않았다.

1211년, 뜻밖의 사건이 발생했다. 1206년 몽골 초원에서 벌어진
전쟁에서 칭기즈칸에게 패배한 나이만 부족의 왕자 쿠틀룩이 8000명
의 병사들과 함께 초원을 방랑하다가, 마침 초원으로 사냥을 나온 서요
황제 야율직고로를 사로잡고, 그에게서 군주의 지위를 빼앗아 서요를
지배하게 되었던 것이다.

쿠틀룩은 매우 잔인한 폭군이었다. 기독교도였다가 불교도로 개종
한 그는 무슬림이 대다수인 서요 백성들에게 불교를 믿으라고 핍박하

다가 민심을 잃었다. 1218년, 칭기즈칸이 보낸 몽골군이 쳐들어오자 아무도 쿠틀룩을 지켜 주려 하지 않았다. 몽골군을 피해 달아나던 쿠틀룩은 결국 붙잡혀 처형당했다. 쿠틀룩이 죽자 서요의 황족과 귀족들은 모두 몽골군에 항복했고, 이미 몽골군에 항복했던 중국 북부의 동포인 거란족들과도 합류하여 그대로 몽골에 흡수되었다.

이리하여 고구려 시대로부터 자그마치 840년이나 이어져 오던 거란의 역사는 13세기에 이르러 그들의 친척인 몽골인들에 의해 영원히 소멸되고 말았다.

변발 문화와 과일 꼬치
::

흉노나 유연과는 달리 거란족은 중국식 왕조를 세웠고, 상당히 풍부한 기록을 남겨 14세기 중엽 원나라에서 거란족의 역사인《요사》를 편찬할 수 있었다.

거란족은 원래 하늘과 땅 등 자연을 신격화한 샤머니즘 신앙을 가졌다. 하지만 나라를 세운 야율아보기 이후부터 거란족은 중국을 통해 들어온 불교에 심취하기 시작했다. 야율대석이 서요를 세웠던 때에는 거의 모든 거란족이 불교도가 된 상태였다. 불교를 믿었던 거란족은 각지에 절과 탑을 세우는 데도 열심이었는데, 지금도 남아 있는 중국 북경의 철탑이 요나라 때 만든 대표적인 건축물이다.

거란족의 변발 모습. 정수리 부분의 머리카락은 모두 깎아 없애고,
양옆의 머리만 남겼다.

다른 유목민족들처럼 거란족도 머리의 정수리 부분은 깨끗이 밀어 버리고, 양옆의 머리만 아래로 길게 늘어뜨리는 변발 문화를 갖고 있었다. 건조한 지역에 살았던 유목민들은 머리카락을 감을 충분한 물을 구하기 어려웠고, 또 물이 흐르는 강을 발견해도 초원의 강은 너무나 차가워서 머리카락을 감기도 난감했다. 그래서 유목민들은 아예 귀찮은 머리카락을 대부분 밀어 버리는 변발을 택했던 것이다.

거란족은 다른 유목민들과는 달리 생선을 즐겨 먹었다. 매년 봄마다 거란 황제는 송화강에 가서 직접 얼음을 깨고 물고기를 낚아 신하들에게 나눠 주는 잔치인 두어연頭魚宴을 벌였다. 천조제가 여진 추장들을 모아 놓고 춤을 추게 한 것도 바로 이 두어연 자리에서 비롯된 일이었다.

음식 문화에 대해 거란족이 오늘날까지 남긴 유산이 있는데, 현재 북경의 명물인 과일 꼬치 '탕후루'다. 탕후루가 바로 요나라 시대에 등장한 요리였다. 거란족은 산시나무 열매나 딸기, 포도 같은 각종 과일

들을 설탕물에 묻혀 나무 꼬치에 꽂아 먹는 탕후루 요리를 즐겨 먹었는데, 이 요리가 지금까지 남아 중국인들의 사랑을 받고 있는 것이다.

그리고 거란족은 한족들을 받아들여 그들의 재능을 마음껏 펼칠 수 있도록 배려했다. 거란의 최전성기를 이끈 성종 황제는 어린 나이에 즉위하여 어머니인 소태후의 섭정을 받았는데, 소태후를 적극 도운 유능한 대신은 한족인 한덕양이었다.

아울러 13세기 초, 몽골제국이 등장해 금나라를 공격하자, 당시 금나라의 지배를 받고 있던 거란족은 몽골과 손잡고 원수인 금나라와 맞서 싸우는 데 앞장섰다. 한 예로 몽골제국이 막 건국된 1206년, 몽골군은 95개의 천호千戶(1000명으로 조직된 하나의 부대 단위)를 거느렸는데, 칭기즈칸이 죽던 해인 1227년에는 129개로 늘어나 있었다. 거란족이 대거 몽골군에 투항하여 새로운 부대로 편성되면서 몽골군의 수가 그만큼 증가했던 것이다. 또한 칭기즈칸과 오고타이칸을 섬겼던 재상인 야율초재耶律楚材(1190~1244)도 몽골군에 항복한 거란족이었다. 그는 중국 북부의 농경지를 초원으로 바꾸려던 몽골인들을 설득하여 그 계획을 취소시켰다. 대신 중국인들에 계속 농사를 짓도록 허락하고 정기적인 세금을 거두어 몽골제국의 재정 상황을 안정시켰다. 이렇듯 거란족은 자신들보다 3세기 늦게 발흥한 몽골족에게 대제국 운영의 경험과 지식을 전수해 주었던 것이다.

고대 한반도의
사라진 민족들

함경도는 우리나라 역사와 지리 분야에서도 변방으로 취급되어 왔다. 이 지역은 한반도의 오지라고 할 수 있는 동북쪽 끄트머리에 있는 데다, 지형도 험준한 산지가 많아 다른 지역 사람들이 드나들기 힘들었다. 그래서 조선시대까지 함경도는 "(나라의 끝인) 삼수갑산에 유배를 간다."라는 말이 나올 정도로 낯설고 이질적인 지역으로 여겨졌다.

하지만 함경도 지방에도 오래전부터 사람이 살아왔고, 특히 옥저沃沮는 이 지역을 기반으로 한 고대 부족국가로 우리 역사에 확실한 이름을 새겼다.

옥저인

온돌을 만들어 사용한
한반도 북쪽 사람들

북옥저, 동옥저, 남옥저?

::

옥저는 한 군데에 있지 않았다. 중국 역사서인 《후한서》와 《삼국지》, 그리고 고려 때 역사서인 《삼국사기》와 《삼국유사》 등을 보면 옥저는 북옥저, 동옥저, 남옥저 등 무려 세 곳에 있었다고 한다.

이 중 가장 처음 언급되는 북옥저는 기원전 28년, 고구려의 시조인 주몽에게 멸망당했다고 한다.(《삼국유사》) 그리고 동옥저는 서기 56년 고구려의 6번째 군주인 태조왕에게 복속당한 이후, 고구려에 흡수되었다. 남옥저에 관한 기록은 보이지 않아 자세한 역사는 알 수 없다. 따라서 여기에서는 북옥저와 동옥저만 다루기로 한다.

북옥저와 동옥저는 어떤 나라였을까?

《후한서》는 북옥저에 대해 이렇게 설명하고 있다.

북옥저는 다른 말로 '치구루'라고 하며, 남옥저에서 800여 리 떨어져 있다. 그 풍습은 모두 남옥저와 같다. 남쪽 경계가 읍루와 닿아 있다. 읍루족들은 배를 타고 약탈하기를 좋아한다. 북옥저는 그들의 노략질을 두려워하여, 매년 여름마다 바위굴에 숨어 있다가 겨울이 되어 뱃길을 쓸 수 없게 되면 마을로 내려와 산다.

여기서 북옥저가 두려워한다는 집단인 '읍루'는 말갈족의 선조로 추정되는 이들이다. 말갈족은 훗날 여진족과 만주족으로 불리는데, 이들이 사는 만주와 연해주 일대는 날씨가 서늘하고 척박하여 농사만 지어서는 먹고 살기가 어려웠다. 그래서 읍루족은 사냥을 하거나 물고기를 잡았으며, 그것으로도 식량이 부족하면 다른 부족이나 나라들을 습격해 약탈을 했다. 그런 이유로 읍루(=말갈=여진족)는 말을 타고 약탈을 하거나 배를 타고 강이나 바다로 나가 해적이 되기도 했다. 12세기 무렵에는 여진족이 동해에서 극성을 부려 울릉도 주민 대부분이 이들에게 잡혀가기도 했으며, 심지어 일본 규슈 지역까지 쳐들어

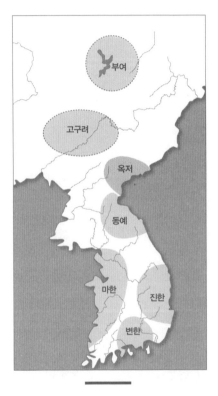

옥저의 위치를 그린 지도. 옥저는 지금의 함경남도에 위치해 있었으나, 만주 지역에 북옥저도 있었을 것으로 추정된다.

가 노략질을 일삼기도 했다.

《후한서》에 따르면 읍루의 위치를 "부여의 동북쪽 1000여 리에 있으며, 동쪽으로 큰 바다에 접하고 남으로 북옥저와 접하며, 그 북쪽의 끝은 알 수 없다."라고 설명한다. 이로 보건대, 읍루족은 만주의 동북부와 연해주 일대에 널리 퍼져 살았음을 알 수 있다.

그런데 북옥저의 남쪽이 읍루족과 닿아 있고, 읍루족의 남쪽 경계가 북옥저라니 좀 이상하다. 보통 남쪽이 다른 집단과 맞닿아 있으면, 그 다른 집단은 북쪽 경계가 이웃 부족과 닿아 있다고 해야 하지 않을까? 이는 아마도 읍루족의 분포도가 일직선으로 되어 있지 않았기 때문인 것으로 보인다.

그럼 동옥저의 위치는 어디일까?

《후한서》에는 동옥저가 "고구려 개마대산의 동쪽에 있으며, 동쪽은 큰 바다에 접하고, 북쪽에 읍루와 부여가 있고, 남쪽에 예맥이 있다. 그 땅은 동쪽과 서쪽이 좁으며, 남쪽과 북쪽으로 길게 뻗어 꺾으면 사방이 1000리이다."라고 나온다.

《후한서》에서 말한 개마대산이란, 현재 함경남도의 개마고원이다. 그리고 동쪽의 큰 바다는 말할 것도 없이 동해이다. 북쪽을 말할 때, 지리적인 위치로 보면 당연히 북옥저가 언급되어야 하는데, 여기서는 부여와 읍루가 기록되어 있다. 동옥저가 등장할 무렵에 북옥저는 이미 소멸해서 언급할 필요가 없었기 때문일 수도 있고, 처음부터 옥저가 북과 동 둘로 나뉘어 있던 게 아니라, 원래는 북옥저만 있었는데 고구려에게 망하자 그 유민들이 남쪽으로 내려와 세운 나라가 동옥저이기 때문일 수도 있다. 이에 대해서는 자료가 부족해서 확실한 사실은 알 수 없다.

《후한서》에 의하면 동옥저는 동쪽과 서쪽은 좁으나, 남북으로 길게 뻗어 있다고 했다. 그렇다면 동옥저는 함경남도와 함경북도 일대에 걸쳐 주로 해안선을 따라 널리 뻗은 나라였을 것으로 추정된다.

또한 북옥저는 그 위치가 동옥저에서 약 800리 북쪽, 두만강 이북 오늘날 중국 흑룡강성 동남쪽, 연해주와 인접한 지역이었을 것이다. 북옥저 사람들은 읍루족들이 배를 타고 약탈을 하러 오지 못하는 겨울이 되면, 마을로 내려와 산다고 했다. 여기서 말하는 뱃길을 꼭 바다로 해석할 필요는 없다. 연해주와 인접한 만주 동쪽에는 강이나 호수도 많기 때문에 읍루족들이 배를 타고 강과 호수를 건너 북옥저를 노략질하러 온다고 보는 편이 더 적합하다.

정직하고 순박한 사람들
::

중국 역사서인 《삼국지 위지 동이전》에는 옥저인들의 문화와 삶에 대한 기록이 간략하게나마 언급된다.

옥저 땅에서는 맥貊과 베, 물고기와 해초(미역) 등이 생산되었다고 한다. 다른 세 가지는 이해가 가지만, 맥이라니 뭘 말하는 것일까? 한자 '맥貊'의 뜻을 풀이하면 사나운 짐승인데, 표범이 아니었을까 조심스레 추측해 본다. 함경남도에는 최근 100년 전까지도 아무르 표범에 속하는 표범들이 꽤 많이 살고 있었기 때문이다.

옥저는 앞으로 바다, 뒤로 산을 접하고 있으며, 땅이 비옥하고 다섯 곡식(벼, 보리, 콩, 피, 기장)을 키우는 데 좋아 농사가 잘되었다고 한다. 함경도라고 하면 산투성이의 불모지로 알려져 있으나, 그래도 옛날에는 농사짓기에 좋았던 모양이다. 다만 소나 말은 그다지 많이 키우지 않아 목축보다는 농경을 더 많이 했음을 알 수 있다.

옥저인들의 성격은 정직하고 순박하면서 용감했다고 전한다. 우리 조상들을 떠올릴 때 연상되는 익숙한 모습이다. 그들은 이웃인 동예인들과 전투 방식이 비슷했는데, 기마전이 아닌 창을 주요 무기로 사용했으며 보병 전투에 뛰어났다. 아마 동예인들이 했던 것처럼 여러 명이 약 7m에 달하는 긴 창을 함께 다루며 싸우는 전투법도 배우지 않았을까?

그 밖에 옥저인들의 집이나 옷차림, 언어와 먹는 음식, 풍습들은 대체로 고구려와 비슷했다고 한다. 아마 고구려와 서로 이웃하여 지내다가 나중에는 그들에 흡수되었으니, 닮을 수밖에 없었을 것이다.

그런가 하면 옥저인들에게는 어릴 때 결혼을 하는 조혼 풍습이 있었다. 일단 부모들끼리 서로 자녀들을 결혼시키기로 약속하고서, 열 살 이전에 신부가 될 여자아이를 남편이 될 남자아이의 집으로 보낸다. 그리고 여자아이는 한동안 시댁에서 시댁 식구들과 함께 살다가, 어른이 되면 다시 친정집으로 돌아간다. 그러면 친정집에서는 시댁 부모에게 딸을 정식으로 시집보내는 대가로 지참금을 달라고 한다. 시댁 부모가 친정집 부모에게 지참금을 보내면, 그때 비로소 새색시는 시댁으로 가서 정식으로 혼인을 하고 남편과 함께 사는 것이다. 일종의 민며느리 제도인데, 다분히 가부장적인 성격이 강하다. 아마 옥저는 농경 사회라 조금이라도 농사일을 도울 일손이 필요했을 것이다. 따라서 가급적 일찍 자녀들을 결혼시켜 아이들을 낳게 했을 것이다.

옥저인들은 장례식을 치를 때, 일단 사람을 땅에 얕게 묻고 나서 살이 썩고 뼈만 남으면, 유골을 꺼내 약 3m 되는 커다란 나무 상자에 넣었다. 그리고 한 집안 식구들의 뼈를 모두 그렇게 해서 같은 나무 상자에 넣어 장사를 치렀다고 한다. 이런 가매장 풍습은 아직도 한국의 외딴 시골 지역에 남아 있다. 가족 간의 유대를 돈독히 하기 위한 것으로 보인다.

옥저의 총 가구 수는 5000호였는데, 인구는 약 2만5000명 정도 되었던 듯하다. 옥저 전체를 지배하는 왕은 없었고, 여러 마을마다 서로 다른 촌장(거수渠帥)들이 주민들을 다스렸다. 옥저가 고구려의 지배를 받게 된 이유도 하나로 통합되지 못하고 마을들끼리 분열되어 있었기 때문일 것이다.

옥저가 고구려 지배하에 들어간 다음부터는 고구려가 파견한 관리인 대인大人들이 옥저 현지의 촌장들과 같이 다스렸다. 옥저인들은 고구려에게 매년 특산물인 표범, 베, 물고기, 해초 등을 바쳐야 했으며, 아름다운 여인들은 고구려인의 첩이나 하녀가 되었다. 대체로 옥저인들은 고구려인의 종으로 여겨졌다고 하는 기록 등으로 볼 때, 그다지 대우는 좋지 않았던 것 같다.

온돌을 만들고
아편을 재배했던 옥저인
∷

아쉽게도 옥저에 대한 문자 기록들은 이 정도가 전부다. 이 밖에 옥저 인들의 삶에 대해 더 알 수 있는 자료는 없을까? 다행히 있다.

부경대학교 사학과에 재임 중인 고고학자 강인욱 교수는 자신이 직접 러시아 연해주와 중국 만주 지역에서 현지 학자들과 함께 발굴에 참여하여 발견한 내용을 책으로 엮은 《춤추는 발해인》에서 옥저인들의 문화에 대해 서술했다.

주목할 만한 내용 중 하나는 옥저인들이 온돌을 만들어 사용했다 는 내용이다. 연해주 남부의 크로우노프카 문화 지역에서는 기원전 4∼1세기 무렵의 온돌 흔적이 발견되었는데, 이것이 바로 옥저인의 작품이 라는 것이다. 크로우노프카의 온돌은 지금과는 달리, 한쪽 벽면에 'l'자 와 'ㄱ'자 형태로 고래를 넣어 집 안에서 음식도 조리하고 방 안에 열을 보내 집을 따뜻하게 데우며 살 수 있었다고 한다.

더 흥미로운 사실은 옥저로부터 멀리 떨어진 몽골 초원, 즉 고대 흉노족의 유적지에서도 온돌의 흔적이 발견되었다는 점이다. 1950년

용호동 1호분에서 출토된 온돌.
옥저인들도 이와 유사한 온돌을 만들어서 생활했을 것이다.

대, 러시아 고고학자인 다브이도바는 흉노의 유적지를 발굴하다가 온
돌을 찾아냈다. 또한 2002년부터 2007년까지 몽골과 스위스 고고학자
들이 함께 발굴한 버러 성지에서도 온돌이 나왔는데, 그 모양새가 옥저
유적지의 온돌과 매우 닮았다. 아마 흉노족이 사는 영토로 이주했던 옥
저인들이 만든 작품인 듯하다. 흉노는 이동만 하는 유목민으로 여겨졌
으나, 모두가 그런 건 아니고 그중 일부는 온돌이 깔린 집에서 정착 생
활을 하기도 했던 것이다.

또 다른 하나는 옥저인들이 아편을 재배했다는 것이다. 강 교수의
말에 의하면 온돌이 발견된 크로우노프카에서 아편의 재료인 양귀비
씨앗이 출토되었다고 한다. 그 옛날에 옥저인들이 아편을 마약으로 사
용했던 것 같지는 않고, 아편을 통해 얻은 기름을 식용으로 쓰거나, 배
가 아플 때 조금씩 떼어다 진통제로 썼을 것으로 추정된다. 지금도 깊
은 시골에서는 복통이나 설사가 심할 때, 양귀비 열매에서 짜낸 즙을
조금 복용하여 고통을 치유하는 약으로 쓰고 있다.

옥저인이 남긴 유산
::

옥저는 통일된 고대 국가로 발전하지 못했고, 부족 연맹 수준에 머물러 있다가 끝내는 고구려에 흡수되어 사라져 버렸다. 더구나 그들은 스스로 기록을 남기지도 않았다. 때문에 옥저의 시대로부터 거의 2000년이 지난 지금, 옥저에 대해 알고 있는 사람들은 매우 드물다.

그러나 옥저인들이 아무것도 남기지 않은 것은 결코 아니었다. 옥저인이 만든 온돌은 그 이후의 고구려와 발해인들도 즐겨 사용했으며, 조선을 거쳐 오늘날에 이르기까지 우리 생활에 깊숙이 남아 있다. 이것만으로도 옥저인들은 우리 역사와 문화에 큰 흔적을 남긴 셈이다.

역사적으로 강원도는 산이 많아 농업 생산량과 인구가 적었다. 따라서 강원도를 기반으로 성장한 고대 왕조도 없었다. 그렇다고 고대 강원도에 사람이 살지 않았던 것은 아니다. 비록 고구려, 백제, 신라처럼 큰 나라는 아니었지만, 나름대로의 문화를 가꾸며 살던 사람들이 있었다. 그들은 '동예東濊'라고 불렸다.

동예인

호랑이를 숭배한
동해안 사람들

강원도의 고대 부족 집단

::

동예의 역사가 정확히 언제 어디에서 시작되었는지는 확실히 알려져 있지 않다. 동예인들은 자신들의 기록을 남기지 않았기 때문이다. 그들의 역사를 알려면 아쉽게도 외부인인 중국인들이 만든 자료를 볼 수밖에 없다.

동예에 관련된 기록이 처음 발견되는 시점은 고조선 말기다. 창해 蒼海, 그러니까 지금의 동해에 인접한 창해군은 고조선의 적인 한나라와 손을 잡으려 했다. 당연히 고조선은 이에 반발해 창해군과 한나라의 교통로를 차단했고, 이것은 한나라와 고조선 간의 전쟁을 불러일으키는 원인이 되었다.

기원전 108년, 한나라가 고조선을 멸망시키자 창해군은 한나라가 세운 한4군인 임둔군의 지배를 받았다. 그러나 임둔군은 오래가지 못하고 기원전 82년에 폐지되었다. 그리하여 창해는 낙랑군의 지배를 받았다. 그렇다고 해도 오늘날 우리가 생각하는 것처럼 직접적인 식민 지배는 아니었고, 창해의 각 부족 군장들이 형식적으로 낙랑의 종주권을 인정하는 형태의 간접 지배였다.

그러다 서기 2세기 말 무렵, 낙랑의 힘이 쇠약해짐에 따라 창해는 고구려의 지배하에 들어갔다. 이때부터 창해는 동예라 불리게 되었다.

중국 위나라 장수인 관구검이 고구려를 공격하면서 동예에 대한 더 자세한 기록이 남겨지게 되었다. 당시 동예는 고구려에 복속되어 있었고, 종주국인 고구려를 도와 위나라 군대에 맞서 싸웠다. 이때 중국인들은 동예인들과 접촉하면서 정보를 얻게 되었던 것이다.

관구검이 가져온 정보를 모아 중국의 역사가 진수가 지은《삼국지 위지 동이전》에 의

동예는 함경남도와 강원도에 걸쳐 한반도의 동해안에 널리 퍼져 있던 집단이었다.

하면, 동예는 동쪽으로 큰 바다(동해)와 인접하고, 북쪽으로는 고구려 및 옥저와 마주하며, 남쪽으로는 진한과 맞닿아 있다고 했다. 대략 그 위치는 오늘날 함경남도에서 강원도와 경상북도에 이른다.

고조선과 고구려의 영향
::

동예는 하나의 단일한 집단으로 통일되지 못했다. 대신, 산과 강을 경계로 하여 마을이 나누어졌고 각 마을마다 삼로三老라 불리는 촌장들이 마을을 이끌었다. 삼로라는 호칭은 원래 중국 한나라의 관직이었다. 당시 동예는 한나라의 제도와 문화를 받아들였던 것으로 보인다.

동예인들은 각자 마을의 경계를 중요하게 여겼고, 함부로 다른 마을로 들어가지 않았다. 만약 이유 없이 다른 마을에 들어가는 사람이 있으면, 책화責禍라고 하여 노비나 소, 말 같은 가축으로 배상하게 했다.

그들은 자신들의 근원이 고구려에서 나왔다고 여겼다. 이런 인식이 동예가 고구려에 복속된 서기 2세기 이후, 고구려와의 동질성을 강조하기 위해 만들어 낸 것인지, 아니면 고구려와 동예가 원래 같은 근원에서 나온 역사적인 근거에 사실을 둔 것인지는 확실치 않다.

다만 《삼국지 위지 동이전》에 따르면 동예는 고구려와 옷차림은 좀 달랐지만, 풍습과 언어는 같았다고 전해진다.

동예인들은 같은 성을 가진 사람과는 결혼하지 않았다고 한다. 그러니까 일부 사람들이 말하는 것처럼 조선시대 이전이라고 우리 조상들이 모두 근친혼을 하지는 않았다. 근친혼을 금기시하는 계율은 이미 부족 국가 시절에도 있었던 것이다.

10월이 되면 낮과 밤 동안 모든 사람들이 술을 마시고 노래를 부르며 춤을 추고 하늘에 제사를 지내는 무천舞天이라는 행사가 있었다.

2005년 6월 11일 한국 고대사학회에서 윤용구 박사가 돈황문서를 해독한 결과를 발표했는데, 그에 따르면 무천은 원래 고조선의 풍속이었다고 한다. 그렇다면 동예의 무천은 고조선의 전통을 이어받은 셈이 된다. 동예와 고조선 사이에 교류가 활발했기 때문일 수도 있고, 고조선 사람들이 동예로 많이 흡수되었기 때문일 수도 있을 것이다.

동예인들은 호랑이를 신으로 섬기며 제사를 지내기도 했다. 조선 시대에도 호랑이는 산의 왕山君이라 불리며 숭배의 대상이 되었고, 무당들도 호랑이가 산신山神의 사자이거나 산신 그 자체라며 신으로 모셨다. 어쩌면 한국의 호랑이 숭배 전통은 동예인들이 남긴 유산인지도 모른다.

고구려를 도와 위나라 군대에 맞서 참전했던 경험 때문인지《삼국지 위지 동이전》에는 동예의 전쟁 기술에 관련한 부분도 실려 있다. 그 중에서는 동예인들이 아주 긴 창을 만들어서 전쟁터에서 사용했다는 내용이 눈에 띈다. 그 길이가 무려 3장丈에 달했다고 한다. 1장은 10척尺인데, 당시 1척은 중국 주나라 때 정해진 주척을 적용했기에 23*cm* 정도였다. 그렇다면 3장의 창은 그 길이가 6.9m이니 거의 7m나 된다! 이 정도면 약 5~6m의 장창을 무기로 쓴 고대 마케도니아의 보병 부대(페제타이로이)나 중세 스위스의 창병들 것보다 훨씬 긴 것이다.

그런데 7m나 되는 창을 과연 전쟁터에서 무기로 쓰는 일이 가능할까? 7m 정도의 길이면 장대에 가깝다. 물론《삼국지 위지 동이전》에서는 동예인들 여러 사람이 창을 잡았다고 하니, 실제로 7m짜리 장창을 썼을 수도 있다. 그러나 창이 그렇게나 크고 길면 무게가 매우 무거워서 쉽게 들고 다닐 수 없다. 게다가 여러 명이 창을 잡는다면, 거추장스러워서 자유롭게 움직이지도 못했을 것이다.

하지만 《삼국지 위지 동이전》에는 동예인들이 보병 전투에 뛰어났다고 적혀 있다. 창이 7m까지는 아니더라도 상당히 길고, 그렇게 긴 창을 여럿이서 잡고 싸우는 전술을 편다면 동예인들은 보병 전술에 밝았을 것이다.

이 밖에 동예에서는 단궁檀弓이라는 활이 생산된다고 했다. 단궁을 글자 그대로 해석하면 박달나무 활이란 뜻이 되는데, 사실

호랑이를 그린 조선 후기의 민화. 단군 신화에서는 호랑이가 패배자로 나오지만, 우리 선조들은 곰보다는 호랑이를 더 숭상했고 지금도 그렇다. 그 옛날 고대 동예인들도 마찬가지였다.

박달나무는 탄성이 적어 활의 원료로는 적합하지 않다고 한다. 그래서 단궁은 박달나무로 만든 활이 아니라, 작은 활이란 뜻으로 해석해야 한다는 것이다.

보병이 뛰어났다면 기병은 어땠을까? 유감스럽게도 동예의 기병에

관한 기술은《삼국지 위지 동이전》에 없다. 다만 동예에서는 과하마果下馬가 난다고 서술했을 뿐이다. 과하마란 과일 나뭇가지의 아래로 머리가 지나갈 만큼 작은 말이란 뜻이다. 말이 작은데 기병이 뛰어났을까? 물론, 칭기즈칸 시대의 몽골인들은 작은 말을 타고도 잘만 싸웠다. 하지만 몽골 말들은 작은 대신 체력과 지구력이 뛰어났는데, 동예의 과하마들도 과연 그러했을까? 그건 정확히 알 수 없다. 그러나 동예의 위치인 강원도나 함경남도는 평지가 아닌 산악 지역이 많아서 기병 전술에는 그다지 적합한 곳이 아니었다. 따라서 동예인들은 말을 전투용이 아닌, 병사들의 이동 수단으로 사용했을 가능성이 높다.

그 밖에도 동예인들의 문화에는 주목할 것이 하나 더 있다. 그것은 동예인들이 삼베와 비단으로 옷을 만들어 입었다는 내용이다. 삼베는 그렇다 쳐도 비단이라니? 고대 중국에서 비단은 국가의 중요한 수출 상품이었고, 따라서 제조 기술이 외부로 유출되는 것을 엄격히 차단했다. 오죽하면 중국과 교역을 하던 동로마제국에서 비단 제조 기술을 알아내기 위해, 기독교 선교사들에게 비단을 만드는 누에벌레를 몰래 가져오도록 시키는 일까지 있을 정도였다.

그런데 동예인들은 대체 어떻게 해서 비단을 만들 수 있던 것일까? 혹시 한나라와의 접촉을 통해서 비단 제조 기술을 알아냈던 것일까? 아니면 동예인들 스스로가 오래전부터 그런 기술을 자체적으로 발견했던 것일까? 정확한 원인은 밝혀지지 않았다.

고려 건국 직전까지
세력이 이어지다
::

동예는 2세기 이후, 고구려에 줄곧 복속되어 있다가 서기 6세기 중엽에 들어서자 신라의 진흥왕에 의해 순식간에 신라의 영토로 편입되었다. 그러다가 9세기 들어 신라가 쇠약해지자 각 지역의 세력가들이 저마다 들고 일어나 신라에 반기를 들었다. 그중 명주(강릉)의 김순식은 상당한 힘을 가진 유지로, 궁예와 왕건의 세력 교체를 오랫동안 지켜보며 사태를 관망하다가 결국 왕건에게 항복했다.

왕건이 건국한 고려가 강원도를 차지하면서 강원도에는 더 이상 독자적인 세력이 등장하지 않았다. 강원도는 인구가 적고 농업 생산량도 풍족하지 않아 많은 인구를 먹여 살릴 부양력이 부족했다. 그래서 강원도에는 고구려, 백제, 신라 같은 고대 국가들이 등장하지 못했고, 그만큼 기록도 적어 구체적 역사를 파악하기 힘들다. 동예 이후로 강원도를 무대로 삼은 독자적인 세력은 사실상 그 맥이 끊어졌다.

한국 고대사의 기둥을 이루는 삼국인 고구려, 백제, 신라 중 앞의 두 나라는 하나의 뿌리에서 갈라져 나왔다. 고구려를 세운 시조인 주몽은 북부여 사람이었고, 백제의 시조인 온조는 주몽의 아들이니 결국 고구려와 백제의 기원은 거슬러 올라가면 모두 부여夫餘인 셈이다.

부여인

고구려와 백제의
모태가 된 민족

북부여와 동부여
::

부여는 중국 한나라의 역사가 사마천이 쓴 책인 《사기》의 '화식열전' 편에 "연나라는 오환, 부여와 경계를 맞대고 있다."라고 한 부분에서 처음 언급된다.

오환은 앞서 말한 것처럼 기원전 209년, 흉노의 공격을 피해 동쪽으로 도망친 동호족의 후손이다. 사마천은 기원전 85년에 죽었으니, 부여가 최소한 기원전 85년 이전부터 존재했다는 것을 알 수 있다.

부여의 건국 과정은 우리의 역사서인 《삼국사기》와 《삼국유사》에 실려 있으나, 서로 전하는 내용이 달라 정확히 알기가 어렵다.

우선 《삼국사기》에는 부여의 원래 왕이 해부루인데, 재상인 아란불이 하늘의 계시를 받았다며 나라를 동쪽 바닷가(동해?)로 옮기고 나라 이름을 새로 '동부여'라고 지었다고 나온다. 그리고 해부루가 떠난 자리에는 스스로를 하늘의 아들이라고 하는 해모수가 와서 도읍을 세웠다고 전하고 있다.

하지만 《삼국유사》의 내용은 완전히 다르다. 《삼국유사》에 따르면, 해모수는 원래 하늘에서 다섯 마리 용들이 이끄는 수레를 타고 홀승골성에 내려와 나라 이름을 북부여라고 하였으며, 그가 낳은 아들이 해부루라고 한다. 그리고 해부루는 하늘의 명령에 따라 동부여로 옮겼으며, 동명성왕이 북부여를 이어 졸본에 도읍을 정하고 졸본부여를 세웠으니, 그것이 바로 고구려라는 것이다.

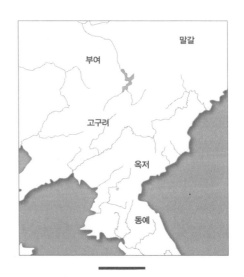

오늘날 만주 장춘 지역에 있었던 부여.
부여의 역사는 약 600년이나 된다.

《삼국사기》와 《삼국유사》의 상반된 내용에서 그나마 알 수 있는 한 가지 공통점은 해모수는 북부여를 세웠으며, 북부여가 있던 곳에서 동쪽으로 이주하여 새로 등장한 나라가 동부여라는 것이다. 북부여의 건국자인 해모수가 동부여의 시조인 해부루의 아버지인지 아닌지는 확실치 않다.

두 역사서의 기록대로라면 부여는 처음부터 두 나라로 나뉘어 있었다는 뜻이 된다. 그럼 부여의 위치는 어떻게 될까?

《삼국지 위지 동이전》은 부여에 대해 이렇게 기록하고 있다.

부여는 만리장성 북쪽에 있다. 동쪽은 읍루와, 서쪽은 선비족과, 남쪽은 고구려와, 북쪽은 약수弱水와 맞닿아 있다.

여기서 동쪽과 서쪽과 남쪽의 나라들은 다 이해가 되지만, 부여 북쪽에 있다는 약수는 어디를 말하는지 알 수 없다. 약수는《산해경》같은 중국의 신화를 다룬 책에 나오는 강인데, 부력이 약해서 한 번 빠진 물체는 결코 수면 위로 떠오르지 않는다고 하는 신비한 장소이다. 하지만 현실에 이런 강이 정말로 있을 리 없으니, 중국인들이 잘 알지 못하는 먼 곳의 장소를 그들의 신화적 지식에 맞춰 설명한 것이라고 봐야 한다. 약수는 분명히 만주 북부나 동부의 강쯤 될 텐데, 정확한 위치는 누구도 모른다. 단지 흑룡강 혹은 송화강 정도로 추정할 뿐이다.

정리하면 원래의 부여, 그러니까 북부여는 만주 중부 지역에 있었는데, 이들 중 일부 세력이 동해와 인접한 만주 동남부(간도와 두만강 지역?)로 이주하여 동부여를 세웠던 것으로 보인다.

강하지 못한 왕
::

《삼국지 위지 동이전》은 부여에 대해 비교적 상세한 설명을 하고 있다. 부여의 영토는 사방으로 2000리이며, 인구는 약 8만 호였다고 한다. 흔히 한반도를 3000리라고 하는데, 2000리라면 그에 조금 못 미치지만 꽤

나 넓은 영토다. 하지만 부여가 정말로 2000리나 될 정도로 큰 영토를 지배했다고 보기는 힘들다. 그 정도라면 만주 지역 대부분이 부여의 영토였다는 뜻인데, 실제로 만주에는 읍루와 오환같이 부여의 지배를 받지 않고 저항하던 집단들이 많았다. 아마 부여 왕의 종주권을 형식적으로 인정하는 간접 지배 구역까지 모두 넣고 계산한 면적이었을 것이다.

부여의 인구가 8만 호라고 했는데, 고대 사회의 한 집안에는 보통 부부와 자녀에 노비까지 포함되니 대략 1호의 인구는 5~6명 정도였다. 그런 기준으로 수를 헤아린다면, 부여의 인구는 40~50만 명 사이가 될 것이다.

유목민인 선비, 오환 등이 가까이에 살았지만 부여인들은 엄연히 정착 생활을 하는 농경민이었다. 부여에는 왕이 사는 궁궐이 있었고, 곡식을 쌓아 두는 창고와 범죄자를 가두는 감옥을 두었다.

부여의 땅은 곡식을 기르기에는 좋았지만 과일은 잘 자라지 않았다고 한다. 아마 북쪽이라 일조량이 적어서 과일의 당도가 떨어졌던 모양이다.

《삼국지 위지 동이전》에서는 부여인들을 가리켜, 키가 크고 용맹스러우나 인자하여 외국을 침범하거나 약탈을 하지는 않는다고 기록했다. 아마도 부여가 중국과 줄곧 유지했던 원만한 우호 관계로 인해 중국 역사서도 비교적 좋은 평가를 한 게 아닌가 싶다.

부여인들은 좋은 말들을 많이 길렀으며, 창과 칼, 활과 화살 등을 무기로 삼았고, 각 가정마다 무기와 갑옷 같은 전투 장비를 가지고 있었다. 아마 평소에는 사냥할 때 사용하다 전쟁이 벌어지면 바로 착용하고 전쟁터로 나갔을 것이다.

전쟁이 나면 부여인들은 소를 죽이고 발굽으로 점을 쳤는데, 발굽이 붙어 있으면 운이 좋고 반대로 갈라져 있으면 불길하다고 여겼다. 그리고 각 부족장인 제가들은 자신들이 거느린 사병과 백성들을 이끌고 전쟁터로 나가 싸웠으나, 노비인 하호들은 직접 전투에 참여하지는 않고 식량을 가져다 바쳐야 했다. 이는 제가들이 하호들의 생명을 불쌍히 여겨 그들을 전쟁에서 보호해 주기 위해서라기보다는 하호들이 전장에서 공을 세워 신분 상승을 할 기회를 차단하기 위해서였을 것이다. 만약 하호들이 대거 전쟁에 참전하여 공을 세운 뒤, 큰 포상을 받고 신분 상승을 한다면 기존 기득권 집단의 권력에 위협이 될 가능성이 있기 때문이었다.

부여는 관직의 이름을 가축에 빗대어 불렀는데, 마가馬加, 우가牛加, 구가狗加, 저가豬加 등이었다. 원래는 부족들이 동물들을 숭상했는데, 시간이 지나 부족 연맹체의 수준으로 발전하자 관직의 이름으로 편입된 듯하다. 그 밖에 부여에는 대사大使, 대사자大使者, 사자使者라는 관직도 있었다.

부여의 사회구조는 크게 호민豪民과 하호下戶 두 집단으로 나누어졌다. 호민은 부와 권력을 가진 각 마을의 촌장 정도 되는 유지들이고, 하호들은 호민에게 지배를 당하는 노비들이었다.

부여인들은 매년 1월이 되면 영고迎鼓라는 국가적 축제를 열었는데,

매일 음식과 술을 먹고 노래와 춤을 추며 하늘에 제사를 지내는 일이었다. 영고 축제가 열리는 기간에는 죄수들을 석방해 주기도 했다.

이 영고 대회는 부여에서 유래한 행사로 오랫동안 여겨졌으나, 2006년 국내 역사학자들이 중국 돈황 문서들을 입수해 번역한 바에 따르면 영고는 원래 고조선의 행사였다고 한다.

부여인들은 흰색을 좋아하여 하얀 베로 도포와 바지를 만들어 입고 다녔다. 이는 흰색으로 된 옷을 좋아하는 인식이 이미 부여 시대부터 있었으며, 백의민족白衣民族이라는 호칭의 근원이 꽤 유구한 것임을 알게 해 준다.

덧붙여 말하면 오늘날 몽골인들도 흰색을 좋아한다. 몽골인들은 흉노의 자손을 자처하는데, 부여와 흉노는 비교적 가까운 거리에 있었던 만큼, 흰색을 좋아하는 전통은 서로 영향을 주고받으면서 형성되었을 것이다. 부여인들 중에서 부유한 귀족들은 흰옷 이외에도 비단옷을 입고 그 위에 여우나 담비의 가죽으로 만든 모피를 입기도 했다.

부여의 법은 범죄자에게 매우 엄격했는데, 살인자는 즉시 죽이고 그 가족들은 노비로 만들었다. 결혼하지 않은 남녀가 성관계를 가져도 사형에 처했다. 또한 남의 물건을 훔치면 12배로 물어내야 했다.

이 밖에 형이 죽으면 동생이 형수와 결혼해서 형이 남긴 자녀들을 보살펴야 했다. 이런 형사취수제는 훗날 고구려에서도 발견되는데, 아마 흉노 같은 유목민의 풍습에서 영향을 받은 듯하다.

부여에는 왕이나 귀족 같은 상류층 인사가 죽으면 그에 딸린 노비들을 같이 죽여 묻는 순장 풍습도 있었다. 동서양을 막론하고 고대 세계에서 순장은 널리 퍼진 일이었는데, 한반도에서는 신라 지증왕 시기까지 계속되었다.

부여의 왕은 그다지 권력이 강하지는 못했다. 흉년이나 홍수 같은 재해가 일어나면, 왕이 어질지 못해 하늘이 노하여 벌을 내리는 것이라고 여겨 귀족들은 왕을 죽이거나 다른 사람으로 바꿨다. 자연재해가 인간의 죄악에 분노한 하늘의 뜻이라고 여겼던 인식은 동양에서 근대 이전까지 보편적이었다.

동족혐오, 고구려와의 오랜 분쟁

::

한국과 중국의 역사서들은 북부여와 동부여를 엄격히 구분하지 않고, 모두 뭉뚱그려 부여라고 칭하고 있다. 따라서 북부여와 동부여의 정확한 사적을 알기는 힘들다. 다만 고구려를 세운 주몽은 동부여에서 나왔고, 동부여는 고구려 초기인 대무신왕 때, 고구려와의 전쟁에서 큰 타격을 입고 사실상 유명무실해졌으며, 태조왕 무렵에 고구려와 싸웠던 부여는 북부여로 추정할 뿐이다.

초기 고구려와 경쟁했던 부여는 동부여였다. 2006년 방영된 TV 드라마 〈주몽〉에 나왔던, 주몽을 못 잡아먹어 안달하던 못된 왕자 대소 역시 동부여 사람이었다.

　아버지인 금와왕이 죽은 후, 동부여의 왕이 된 대소는 주몽의 아들이자 고구려의 2대 왕인 유리왕에게 사신을 보내 동부여를 상국으로 섬기라고 강요하고, 만약 이를 따르지 않으면 군대를 보내 공격하겠다고 위협했다. 그러자 유리왕은 그 말에 복종하겠다고 편지를 보냈다. 아직 건국 초기라 고구려가 부여를 상대하기에는 역부족이었던 모양이다.

　그리고 서기 20년, 대소왕은 유리왕의 아들이자 고구려의 3대 왕인 대무신왕에게 사신을 보내, 머리 하나와 두 개의 몸을 가진 붉은 까마귀를 보여 주면서 "머리가 하나인 까마귀가 두 개의 몸을 지녔으니 부여와 고구려 두 나라가 하나가 될 징조다."라고 하면서 장차 고구려를 정복하겠다고 으름장을 놓았다.

　그러나 대무신왕은 "까마귀는 원래 검은 털을 가진 짐승이고 북방을 상징하는데, 지금 이 까마귀는 남방을 상징하는 붉은 털을 했다. 그렇다면 남쪽에 있는 고구려가 북쪽의 부여를 삼킨다는 뜻이 아닌가?"라고 반박했다. 이는 음양오행설에 따른 해석이다.

　　동쪽: 푸른색, 나무　　서쪽: 흰색, 바람

　　남쪽: 붉은색, 불　　　북쪽: 검은색, 물

　　중앙: 노란색, 땅

대략 이런 구조가 음양오행설의 요지이다. 대소왕과 대무신왕이 서로 주고받은 대화 내용에서 음양오행설에 따른 해석이 동원된 것은 이미 고구려와 부여인들이 음양오행설 같은 중국 철학에 익숙했음을 보여 준다.

그리고 대소왕의 사신이 오간 지 2년 후인 서기 22년 2월, 대무신왕은 직접 군대를 이끌고 동부여로 쳐들어가 대소왕이 지휘하는 군대와 전투를 벌여 대소왕을 비롯한 동부여군 1만을 전사시키는 대승을 거두었다. 이 패전으로 동부여는 큰 타격을 입었고, 왕의 죽음으로 인해 동부여 내에서는 격렬한 권력 다툼이 벌어져 권력자들도 앞다퉈 동부여를 이탈했다. 대소의 막내 동생인 갈사는 추종자들을 데리고 동부여를 빠져나가 압록강 부근에 갈사부여라는 작은 나라를 세웠다. 또한 22년 7월에 대소의 사촌동생은 동부여 백성 1만여 명을 이끌고 고구려에 항복해 왔다. 대소왕의 죽음으로 인해 동부여는 사실상 멸망한 셈이나 다름없었다.

갈사부여는 살아남기 위해 고구려와 혼인 동맹을 맺었는데, 갈사왕의 손녀인 금씨는 대무신왕에게 시집을 가서, 유명한 호동왕자를 낳았다. 그러나 서기 68년, 갈사의 손자인 도두는 고구려 태조왕에게 항복했고, 갈사부여는 약 46년 만에 짧은 역사를 마감했다.

동부여가 몰락했을 무렵, 북부여 역시 고구려와 사이가 좋지는 않았다. 북부여는 서기 121년 12월, 고구려군이 중국 후한의 영토인 현도성을 공격하자 왕자 위구태가 2만의 군사를 이끌고 고구려군의 후방을

세형동검(위)과 비파형동검. 청동기 시대와 철기 시대에 사용되었던
무기로서 부여인들도 이런 형태의 무기를 사용했을 것이다.

기습하여 그들이 물러나게 만들었다. 다음 해인 122년, 고구려군이 요
동과 현도를 공격했을 때도 부여군은 고구려군의 후방을 찔러 그들을
철수시켰다.

고구려가 중국과 싸울 때, 그들의 조상인 부여는 오히려 중국 편을
들어 고구려의 발목을 잡은 셈이다. 그래서 고구려는 중국과 부여 두
나라와 동시에 싸우느라 국력을 이중으로 소모하는 꼴이었다.

어째서 부여는 이런 일을 했을까?

추측컨대, 부여는 고구려가 계속 커져 나가면 자신들이 점점 위축
되고 나중에는 고구려에 흡수될 것을 두려워했을 것이다. 그래서 차라
리 이민족인 중국과 손잡더라도 고구려를 견제해야 한다고 생각해서
중국을 도와 고구려를 공격했던 것으로 보인다.

말하자면 부여와 고구려는 영국과 미국의 관계와 비슷하다. 원래

영국의 식민지였다가 독립한 미국, 부여에서 떨어져 나가 자립한 고구려, 영락없이 같은 꼴이다. 그렇다면 아마 부여는 고구려를 가리켜 "근본도 없는 천한 상것!"으로 업신여기고, 고구려는 부여를 "다 망해 가는 것들이 허세를 떨어?" 하고 깔보았을 것이다.

600년 역사의 끝
::

서기 285년, 북부여는 몽골 초원에서 일어난 유목민 선비족의 공격을 받고 큰 타격을 입는다. 선비족의 일파인 모용선비족의 추장인 모용외는 북부여를 대대적으로 공격하여 수도인 부여성을 함락시키고 1만 명의 부여인들을 포로로 끌고 갔다. 북부여의 왕 의려는 전세가 불리해지자 스스로 목숨을 끊었다.

왕이 죽자 북부여인들은 두 패로 갈라져 한쪽은 북옥저가 있던 땅, 즉 고구려로 달아났고, 다른 쪽은 중국 서진의 도움을 받아 다시 북부여의 영토를 유지했다. 하지만 중국의 원조로 지탱되던 북부여는 얼마 못가 고구려군에게 정복당했다. 이것으로 북부여는 소멸되고 말았다.

만주 동남부와 두만강 북쪽에서 겨우 숨통만 붙어 있던 동부여는 410년, 고구려 광개토대왕의 군대가 쳐들어오자 조공을 바치고 복속을 약속했으며, 수많은 귀족들이 고구려로 이주했다. 그리고 493년 2월, 연해주의 말갈족이 동부여를 침공하여 국토를 황폐화시켰고, 그들을 피해 동부여의 왕과 그 가족들은 고구려로 달아나 항복했다. 이로써 동부여도 고구려에 흡수되어 사라졌으니, 약 600년에 걸친 부여의 장구한 역사도 끝이 났다.

부여의 후손임을 자처했던
백제와 발해
::

오랜 역사에도 불구하고 부여인들은 자체적으로 역사 기록을 남기지 않아 그 자세한 흔적은 알기 어렵다.

그럼에도 불구하고 부여의 유산은 결코 무시할 수 없다. 서기 538년, 백제의 성왕聖王은 도읍을 사비성으로 정하면서 나라의 이름을 남부여南夫餘로 고쳤다. 즉, 백제는 남쪽의 부여이니 그 기원이나 명맥은 경쟁국인 고구려보다 더 오래되었다는 자부심에서 비롯된 일이었다. 다시 말해 성왕은 백제가 단순히 고구려의 일파가 아닌, 고구려의 뿌리인 부여에서 갈라져 나온 부여의 자손이라고 여겼던 것이다. 아울러 백제의 새 수도인 사비성은 부여성으로도 불렸는데, 이 또한 백제인들의 부여 계승 의식을 반영했다고 할 수 있다.

그 밖에 발해의 2대 임금인 무왕은 일본에 보내는 서신에서 "부여의 옛 땅을 계승했다."라고 밝혔는데, 이 역시 발해가 부여의 법통을 이었음을 주장한 셈이다.

또한 발해는 지방 행정구역인 15부 중 옛 부여의 땅에 부여부扶餘府를 두었다. 부여부는 발해가 거란과 교통하는 무역로이자 거란의 침입에 대비하여 정예 군대를 배치하는 군사 기지이기도 했다.

서기 926년, 거란의 황제인 야율아보기는 부여부의 중심지인 부여성을 점령한 후에 발해의 수도인 홀한성까지 신속히 진격하여 발해를 무너뜨릴 수 있었다. 무려 1000년의 세월을 뛰어넘어서 부여라는 이름은 발해와 운명을 함께했던 것이다.

우리에게 울릉도는 어떤 곳일까? 호박엿, 오징어, 그리고 독도 옆에 있는 섬. 이것들이 울릉도, 하면 떠오르는 이미지의 대부분일 것이다.

하지만 울릉도에는 오랜 옛날부터 사람이 살고 있었고 그로 인해 풍부한 역사와 문화를 지니고 있다. 《삼국사기》에 의하면, 울릉도는 삼국시대에 우산국于山國이라고 불리었는데 서기 512년, 신라 장군 이사부에 의해 정복당했다고 한다.

우산국인

신비한 울릉도의
선 주 민 들

신라는 왜 울릉도를
정복했을까?

∵

《삼국사기》의 우산국 관련 내용은 너무나 간략하여 그 전말을 알기 어렵다. 우선《삼국사기》를 보면, 대체 무엇 때문에 신라가 굳이 뱃길도 험하고 풍랑이 거세어 항해하기도 힘든 우산국에 군대를 보내 정복하게 했는지, 그 이유가 나와 있지 않다.

오늘날도 울릉도는 작은 섬인 데다 물산이 그리 풍부하지도 않다. 하물며 옛날에는 어떻겠는가. 사람들이 살기에 지금보다 더 힘들었을 것이다. 그런데 그런 작고 가난한 섬을 신라는 왜 애써 군대를 파견해 자국의 영토로 편입시켜야 했던 것일까? 무슨 이유가 있었을까? 이 질문에《삼국사기》는 침묵하고 있다.

이렇듯《삼국사기》만 보면 대체 왜 우산국이 갑자기 나타났다가 사라졌는지 그 이유를 알 수가 없다. 우리가 우산국에 대해 좀 더 가까이 다가가기 위해서는《삼국사기》말고도 다른 여러 자료들을 같이 보아야 한다.

《삼국지 위지 동이전》에 기록된 신비의 섬,
혹시 우산국?
:·

서기 3세기, 중국 진나라 학자인 진수가 쓴 역사서《삼국지 위지 동이전》에는 재미있는 기사가 실려 있다. 246년, 중국 위나라 장수인 관구검이 고구려를 침략하면서 지금의 동해와 인접하고 있던 동옥저(함경북도 지역)까지 쳐들어갔는데, 바닷가에 사는 노인들에게 "저 바다 건너에도 사람들이 사는가?"라고 묻자 노인들은 이렇게 대답했다고 한다.

"어부들이 바다에서 일하다가 풍랑에 휩쓸려 동쪽에 있는 어느 섬에 표류한 적이 있었는데, 그곳의 원주민들은 우리와 말이 통하지 않았다. 섬의 원주민들은 칠석날이 되면 소녀를 바다에 빠뜨렸다."

그리고《삼국지 위지 동이전》에는 이와 관련하여 다른 기사도 실려 있다.

옥저 동쪽의 바다에 여자들만 사는 나라가 있는데, 그곳 사람들이 입는 옷소매는 길이가 3길(약 9m)에 이르며, 목에 사람의 얼굴이 그려져 있었다. 그들 중 어떤 사람이 배를 타고 해안가에 표류해 왔는데, 음식을 먹으려 했으나 말이 전혀 통하지 않아 굶어 죽었다.

《삼국지 위지 동이전》에서 소개하고 있는 곳은 동해에 있는 섬나라이다. 두 가지 단락을 요약해 본다면, 그 섬나라는 여자들만 살고 있

동해에 있는 아름다운 섬 울릉도.
울릉도는 과연 《삼국지 위지 동이전》에 기록된 신비의 섬일까?

고 옥저 주민들과는 전혀 말이 통하지 않으며 옷소매가 길었고 목에 사람 얼굴 모습의 문신을 새겼으며 칠석날에 소녀를 바다에 빠뜨리는 풍습을 지녔다. 이 신비한 섬나라는 대체 어디일까?

《삼국지 위지 동이전》에는 이 동해의 섬나라가 정확히 어느 곳에 있는지, 이름이 무엇인지 기록되어 있지 않다. 하지만 시기나 위치 등의 정황을 볼 때, 여기서 말하는 섬나라가 지금의 울릉도에 위치했던 우산국일 가능성도 있어 보인다.

다큐멘터리 〈우산국〉,
우산국의 신비를 파헤치다

∶∶

2000년 8월 25일, 포항 MBC에서는 특집 다큐멘터리로 〈우산국〉을 방영했다. 다큐멘터리에서 밝혀진 우산국에 관한 정보들을 종합해 보면 다음과 같다.

1. 고분에서 마구가 발굴되었고, 그로 인해 우산국에 말을 타고 다니는 문화가 있었다는 것을 짐작할 수 있다.
2. 신라 양식의 황금 왕관이 발굴된 것으로 보아, 우산국이 512년 신라 장군 이사부에게 멸망당한 이후에도 신라에서 통치자를 보내 다스리게 했다.
3. 울릉도에서 1998년 고인돌이 발견됨에 따라 최소한 청동기 시대부터 사람들이 살았다.

그리고 이 밖에도 더 중요한 사실이 있는데, 신라에 정복되기 이전 우산국은 '우해于海'라 불리던 왕과 그 왕비인 풍미녀란 여인이 다스렸다는 것이다.

그런데《삼국지 위지 동이전》에서 말하는 여자들만 산다는 섬나라가 우해왕의 우산국이라면 어째 아귀가 잘 맞지 않는다. 우해왕은 풍미녀라는 여성을 왕비로 삼았으니 엄연히 남자이지 않은가.

그렇다면 혹시 우해왕으로 대표되는 우산국 주민들은 원래 울릉도의 토착민이 아니라, 외부에서 배를 타고 울릉도에 쳐들어와, '여자들만 산다던' 원주민들을 죽이거나 몰아내고 섬을 차지한 침략자들이 아니었을까?

우해왕에 얽힌 이야기는《삼국사기》에는 전혀 나오지 않으며 울릉도 현지에만 전해 내려온다.

울릉도 현지 전설, 우해왕과 풍미녀
::

울릉도에는 옛날 우산국의 마지막 왕이라는 우해왕에 얽힌 전설이 여러 유적에 관련되어 전해 내려온다. 그 전설은 주민들의 구전을 통해 이어졌는데, 그 내용은 대략 다음과 같다.

대마도의 왜구들이 우산국에 쳐들어와 노략질을 일삼자 분노한 우해왕은 군사들을 가득 태운 배를 이끌고 직접 대마도로 가서 수많은 사람들을 죽이고 집을 불태웠다. 그러자 겁을 먹은 대마도 영주는 '풍미녀'라는 자기의 딸을 우해왕에게 주는 대가로 화해를 요청했다. 풍미녀는 매우 아름다웠고, 그녀를 본 우해왕은 사랑에 빠져 대마도 영주의 제안에 응했다.

풍미녀를 데리고 우산국으로 돌아온 우해왕은 그녀를 기쁘게 해주기 위해서 백성들을 동원해 호화로운 궁궐을 짓게 했다. 하지만 풍미녀는 궁궐 정도로는 성에 차지 않아 우해왕을 계속 독촉했다. 그래서 우해왕은 신라의 해안가에 상륙하여 많은 보물들을 약탈해왔다.

우산국의 침입에 분노한 신라 왕은 이사부 장군을 보내 우산국을 토벌하게 했다. 그러나 오랫동안 바다에서 살아 뛰어난 수전 실력을 가지고 있던 우산국 병사들은 나약한 신라 수군을 손쉽게 물리쳤다. 이사부도 간신히 목숨만 부지한 채 겨우 도망칠 수 있었다.

신라로 돌아온 이사부는 패전의 책임을 지고 처형당할 위기에 처했다. 그러나 이사부는 왕에게 앞으로 한 번만 기회를 더 달라고 애원하여 겨우 살아남았다. 구사일생으로 위기를 모면한 이사부는 배를 만들고 병사들을 훈련시키면서 우산국에 대한 복수를 다짐했다.

한편 승리한 우해왕은 기고만장하여 연일 잔치를 벌이며 즐거워했다. 그러던 중 풍미녀가 아이를 낳다가 그만 죽고 말았다. 우해왕은 크게 슬퍼하며 그녀의 영혼을 위해 비파를 타게 하고 제사를 지내며 나랏일을 돌보지 않아 백성들이 걱정을 했다.

이윽고 이사부는 지난번보다 더 많은 배와 병사들을 거느리고 우산국으로 쳐들어왔다. 우해왕은 직접 나서서 병사들과 함께 사력을 다해 싸웠으나, 신라군이 워낙 많아 도저히 이길 수 없었다. 승세를 차지한 이사부는 우산국 사람들에게, 항복하지 않으면 배 안에 싣고 온 무서운 짐승인 사자들을 풀어서 모조리 죽이겠다고 위협했다. 지쳐 있던 우산국 사람들은 이사부의 거짓 협박에 속아 더 이상 싸울 의지를 잃어버렸다. 우해왕은 우산국 백성들의 목숨을 살리기 위해서 이사부에게 자신의 목숨을 대가로 협상을 했다. 우산국 백성들은 살아남았지만 우해왕은 바다로 몸을 던져 자결했다. 그 이후부터 우산국은 신라의 땅이 되었다.

이것이 울릉도의 우해왕 전설이다. 《삼국사기》에는 전혀 찾을 수 없으나, 이 전설을 이사부 기사와 비교하면 확실히 수수께끼가 풀린다.

신라가 아무런 이유 없이 갑자기 우산국을 공격한 것이 아니라, 우산국이 먼저 신라를 침입해 노략질을 일삼자 이에 대한 보복으로 원정을 단행한 것이라고 설명한 전설의 내용은 충분히 설득력이 있다. 신라의 원정은 자국의 안보를 위협하는 우산국을 정복함으로써 안전을 도모하려는 계획에서 비롯된 일이었던 것이다.

무인도에서 삶의 터전으로
::

우산국이 신라에 정복된 이후로도 주민들은 계속 그곳에 살았다. 오늘날까지 울릉도에서 발굴되는 토기나 고분들은 6세기 중엽 이후의 것들이 많은데, 신라는 울릉도를 손에 넣고 나서도 나름대로 상당한 정성을 기울여 관리했던 것으로 보인다. 울릉도는 동해의 한복판에 있어 울릉도를 손에 쥐고 있으면, 신라의 적국인 고구려와 왜가 바다를 통해 교통하는 것을 감시하고 견제하기에 편했기 때문이다.

신라가 무너지고 고려가 한반도를 통치하자 우산국은 고려에 복속되었으며, 그때부터 우산국이 아닌 울릉도로 불리게 되었다. 서기 930년, 울릉도 사람인 백길白吉과 토두土豆는 고려 태조 왕건을 방문하여 토산물을 바쳤다. 아마 울릉도의 유지였던 모양이다.

그런데 11세기에 들어오면서 울릉도는 만주와 연해주에서 배를 타고 쳐들어온 여진족 해적들의 노략질에 시달려 대부분의 사람들이 죽거나 잡혀가 거의 폐허가 되었다. 우해왕 전설에 나왔던 용감한 우산국 해적의 기풍은 이미 다 사라지고 없었던 모양이다.

하지만 1346년, 울릉도 주민들이 고려의 충목왕을 찾아왔다는 기록이 《고려사》에 있는 것으로 보아 그때까지도 울릉도에 사람이 살았던 것으로 보인다.

14세기 말, 고려가 망하고 조선이 등장하자 울릉도는 큰 변화를 맞이했다. 1416년, 조선의 태종 이방원은 울릉도가 자칫 왜구의 소굴로 악용될 것을 염려하여 울릉도 주민들을 강제로 한반도 본토로 이주시켰다. 울릉도 백성들이 왜구에 붙잡혀 그들의 앞잡이 노릇을 하게 될 가능성을 우려했던 것이다. 이리하여 약 200년 동안 울릉도는 사람이 살지 않는 텅 빈 땅이 되었다.

그러던 1614년, 일본과 울릉도를 둘러싼 영유권 분쟁이 일어나면서 다시 울릉도는 조선 조정의 관심을 받게 되었다. 일본과의 울릉도 영유권 다툼은 결국 1697년에 해결되었는데, 우리가 잘 아는 안용복이 직접 일본으로 건너가 대마도주와의 오랜 담판을 통해 울릉도가 조선 땅임을 확인했던 것이다.

하지만 이때까지도 울릉도는 사람이 살지 않는 무인도였다. 그러다가 1882년, 고종 임금이 울릉도를 계속 무인도로 내버려 두었다가는 자칫 일본이 차지할지도 모른다는 위기감을 느끼고 울릉도에 백성들의 이민을 허락하는 정책을 펴게 되면서, 오랜만에 울릉도는 다시 사람들이 거주하는 삶의 터전이 되었다.

보통 우리는 한국 고대사를 삼국시대, 즉 고구려, 백제, 신라 세 나라가 활동한 시기라고 배운다. 하지만 삼국시대라고 해서 이 땅에 세 나라만 있었던 것은 아니다. 바로 신라와 백제 사이 경상남도에 엄연히 다른 나라인 '가야(伽倻)'가 무려 500년 넘게 존속하고 있었다.

가 야 인

김 해 김 씨 와
훌륭한 철기 문화

'삼국시대'와
'열국시대'
∷

사실 삼국시대라는 말도 엄밀히 따지면 틀린 말이다. 고구려, 백제, 신라 말고도 수많은 나라들이 한반도와 만주에 있었기 때문이다. 동해의 외딴 섬인 울릉도에도 우산국이라 불리던 작은 나라가 있었고, 백제, 가야, 신라가 등장하기 전에는 그들의 영토에 마한, 변한, 진한이라는 다른 나라들이 활동했다. 또한 강원도와 함경도에는 동예와 옥저가 있었고, 고구려의 북쪽에는 그들보다 더 오래된 나라인 부여가 600년 가까이 존속했다. 제주도도 조선 초기까지 '탐라'라는 왕국이었다.

　그렇다면 고구려나 백제, 신라만 부각시키는 삼국시대라는 말보다는 차라리 많은 나라들이 활동한 시기라는 뜻인 '열국시대列國時代'가 더 어울리지 않을까? 아쉽게도《삼국사기》를 편찬한 김부식은 중국의《삼국지》에 영향을 받아 삼국시대라는 명칭을 고집한 듯한데, 그 때문에 우리 역사를 보는 관점이 이상하게 꼬이고 말았다.

가야의 불가사의한 시조, 김수로왕

::

가야의 역사는 《삼국사기》나 《삼국유사》가 나오기 전인 11세기 말, 고려에서 나온 《가락국기駕洛國記》라는 책에 수록되어 있다. 그러나 유감스럽게도 《가락국기》는 그 내용 중 일부만 《삼국유사》에 실렸을 뿐, 대부분은 사라지고 전해지지 않는다. 따라서 어쩔 수 없이 우리는 가야의 역사를 알기 위해 《삼국사기》와 《삼국유사》를 봐야 한다.

가야사, 특히 가야의 시조 전설은 《삼국유사》에 더 자세히 수록되어 있다. 이는 《삼국사기》를 편찬한 김부식이 철저한 유교식 합리주의자였기 때문에 자기가 봐서 불가사의하다고 생각했던 신화나 전설들은 가급적 책에 넣지 않고 몽땅 빼 버렸기 때문이다.

그런 면에서 본다면 《삼국유사》의 저자 일연은 그나마 조금 낫다. 물론 일연도 우리 옛 신화나 전설을 전부 불교식으로 윤색해 버려, 우리가 읽을 때 내용을 잘 가려서 봐야 하지만, 그래도 남겨 준 것이 아예 빼 버린 것보다는 낫다고 할 수 있겠다.

《삼국유사》에 따르면, 원래 가야인들은 왕 없이 아홉 명의 추장인 아도간, 여도간, 피도간, 오도간, 유수간, 유천간, 신천간, 오천간, 신귀간 등이 각자 백성들을 다스렸다고 한다. 여기서 추장들의 이름 뒤에 붙는 '간干'이라는 단어가 어쩐지 눈에 띈다. 나중에 가야를 흡수한 신라도 '각간角干'이라는 관직명을 사용했다. 그런데 간은 몽골-투르크 계통 유목민들의 군주인 '칸'의 발음과 흡사하다.

혹시 가야의 백성들은 멀리 북방에서 내려온 유목민들의 후손이었고, 그래서 추장들의 이름 뒤에 모두 칸이라는 말을 달았으며, 그것을 한자로 옮긴 발음이 '간'이 아닐까?

여하튼 이렇게 촌락 단위로 살고 있던 백성들 앞에 후한의 광무제 시절인 서기 42년, 북쪽에 있는 구지산에서 갑자기 이상한 소리가 들려와 사람들이 모여들자, 하늘에서 붉은 보자기에 싸인 황금 상자가 내려왔는데, 그 상자를 열어 보니 그 안에 6개의 황금알이 놓여 있었다. 그 상자를 아도간의 집에 놓았는데, 하루 뒤에 알을 깨고 여섯 명의 아이들이 나왔다. 이를 신기하게 여긴 마을 사람들은 그 아이들을 하늘이 보낸 성스러운 사람으로 여겨 높이 대접했다. 아이들이 자라자 그중 가장 맏이가 수로라는 이름을 받았고 나머지 다섯 아이들도 각각 마을의 촌장이 되었다. 그래서 수로를 포함한 여섯 형제들은 모두 6가야의 왕이 되었다고 한다. 또한 6년 후인 서기 48년에는 인도 아유타국의 공주인 허황옥이 배를 타고 와서 수로와 혼인하고 왕후에 오르는 일도 있었다.

하늘에서 내려온 알이 깨어져 사람이 되었다는 이야기와 옛날 멀리 인도에서 배를 타고 한반도 남부인 경상남도로 와서 현지인과 결혼을 했다는 이야기 모두 신화나 전설에 가까워 믿기 힘들다. 그러나 이러한 전설을 잘 살펴보면 역사적 진실을 찾을 수 있다.

먼저, 수로왕이 하늘에서 내려왔다는 것은 그가 가야의 현지인이 아닌, 멀리 외부에서 온 이방인이라는 것을 신화적인 기법을 빌려 표현한 것으로 보인다. 고대 사회에서는 외부에서 이주한 지배자를 하늘에서 온 사람이라고 신격화하는 일이 다반사였다.

또, 수로왕과 함께 온 다섯 명의 아이들은 가야 땅에 김수로와 함께 온 이방인 지배자들이 모두 6명이었다는 것을 상징한다. 즉, 가야는 처음부터 부족 연맹체의 성격을 지니고 있었던 것이다. 참고로 가야의 6국은 지금의 고령에 있던 대가야, 함안의 아라가야, 진주의 고령가야, 고성의 소가야, 김해의 금관가야, 성주의 성산가야 등이다.

그중 수로왕은 금관가야를 다스렸는데, 금관가야가 위치한 김해金

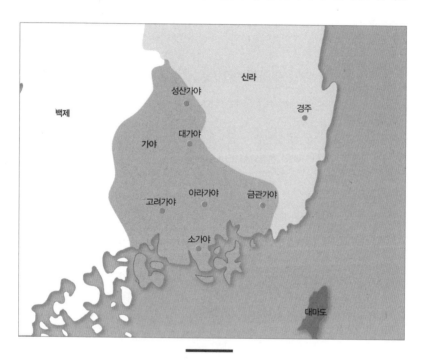

가야는 여섯 개의 작은 나라들의 연맹 왕국이었다.
초기에는 금관가야가, 후기에는 대가야가 맹주 역할을 했다.

海의 '김'을 따서 김수로라 불리게 되었다. 수로왕이 통치한 금관가야는 서기 5세기 초 고구려의 침입으로 약화되기 전까지 가야 연맹체들의 맹주 역할을 했다. 금관가야가 약화되자 가야 연맹체의 맹주는 대가야로 바뀌었다.

가야로 시집 온 인도 왕족 허황옥?
::

인도 아유타국의 공주인 허황옥이 가야로 배를 타고 이주하여 수로왕과 결혼했다는《삼국유사》의 기록은 얼핏 믿기 힘들다. 그래서 허황옥의 이야기를 가리켜 허황된 전설일 뿐이라고 일축하는 사람들도 많다.

그런데 2009년 12월에 출간된 임정 작가의 소설《뉴라이트》에서는 색다른 주장을 제시하고 있다. 허황옥의 이야기가 사실을 반영한 기록이라는 것이다. 먼저 임정 작가는 소설의 본문 중에서 한림의대 김종일 교수와 서울의대 서정선 교수가 김해 예안리의 고대 가야인 고분에서 발굴한 DNA 채취 결과를 제시하며, 가야인과 인도인의 DNA 염기서열이 비슷하다는 주장을 했다.

또한 '가야'는 이름은 인도 남부의 드라비다족이 쓰는 말로 '물고기'라는 뜻인데, 수로왕과 허황옥의 전설이 담긴 유적지에서 발견되는 물고기 문양은 드라비다의 영향을 반영하니, 허황옥이 가야로 왔다는 기록이 사실일 수도 있지 않느냐는 것이다.

그리고 책에서는 중앙대 음대 전인평 교수의 논문을 참조하여, 가야의 악성이라 불리던 음악가 우륵이 만든 곡이나 악기 가야금의 뿌리가 사실은 고대 인도 음악이라는 색다른 주장도 제시했다. 우륵이 만든 곡들은 모두 인도의 고대 문헌인 《나티야 사스트라》에 언급된 인도의 전통 음악인 '라가'와 구조가 같으며, 가야금과 장구 같은 악기들도 모두 인도의 전통 악기인 시타르에서 유래했고, 심지어 우리나라 사람들이 알고 있는 녹두장군 전봉준의 노래인 〈새야 새야, 파랑새야. 녹두밭에 앉지 마라〉도 인도 자장가와 음률이 똑같다고 한다.

즉, 우리가 고유한 전통문화라고 알고 있는 것들 중 상당수가 사실은 인도에서 유래했으며, 그것들의 전래 과정이 허황옥의 이주라는 하나의 전설로 압축된 것이 아닐까 하는 가설이다. 달리 말하자면 허황옥으로 대표되는 인도인 집단이 한반도 남부에 들어와 정착해 살면서, 그들을 통해 인도 문화가 한반도에 전파되었다고 보는 것이 자연스럽지 않을까?

이와는 다른 주장도 있다. 허왕옥이 인도 아유타국 출신인 것은 맞으나, 그녀가 곧바로 인도에서 배를 타고 머나먼 한반도까지 온 것이 아니라, 사실은 중국 남부에서 배를 타고 왔다는 것이다. 이 증거로 허황옥이 죽고 나서 보주태후普州太后라는 시호를 받았는데, 보주는 중국 서남부인 사천성에 있는 지명이다. 그러니 허황옥은 인도에서 중국 서남부 보주로 이주했다가, 다시 동쪽으로 떠나 가야까지 왔다는 것이다. 그러나 이 역시 확실한 증거가 부족하여 믿기 어렵다.

《삼국유사》에 의하면 허황옥은 16세의 나이로 가야에 와서 곧바로 수로왕과 결혼하여 왕자 거등공居登公을 낳았으며, 서기 189년에 157세의 나이로 죽자, 이에 슬퍼한 수로왕도 10년 후에 158세의 나이로 죽었다고 한다. 부부가 모두 150세를 넘기다니 좀처럼 믿기 힘들다. 수로왕과 허황옥 부부의 사후, 그들이 다스린 금관가야의 왕위는 아들 거등공이 이어받았다.

철갑 기병을 탄생시킨
가야의 뛰어난 철기 문화
∷

가야의 역사는 초기 부분과 신라에 멸망되었던 후기 부분을 제외하면 기록이 전해지지 않아 확실한 전개 과정을 알기 힘들다. 다만 오늘날까지 남아 있는 가야의 유물들을 본다면, 가야는 훌륭한 철기 문화를 지녔던 것으로 파악된다.

가야의 철 문화를 상징해 주는 증거로 김해金海가 있다. 김해는 초기 가야 연맹의 맹주인 금관가야의 본거지인데, 한자 뜻풀이를 해본다면 '쇠金의 바다海'라는 말이 된다. 김해의 왕성한 제철 사업을 상징하는 표현일 가능성이 크다.

또한 중국의 사서 《삼국지 위지 동이전》에 의하면, 가야의 전신인 변한인들은 철을 다루는 기술이 뛰어나 낙랑과 왜국(일본)에 철을 수출

했다고 한다. 가야인들도 변한의 기술을 물려받았는지, 철을 잘 다루었다. 한 예로 일본은 서기 5세기 전까지 모든 철을 가야에서 수입해 사용했는데, 철의 원료인 철광석을 가공하는 기술을 몰라서 그럴 수밖에 없었다고 한다.

일본의 고대사를 다룬《고사기古事記》나《일본서기日本書紀》를 보면, 왜(일본)가 신라를 공격했다는 내용은 수없이 나오지만 가야를 공격했다는 내용은 도무지 찾아볼 수 없다. 그 이유는 가야와의 사이가 나빠지면 가야로부터 철을 얻을 수 없으니 왜인들이 가야의 눈치를 살피느라 우호적인 관계를 유지했을 가능성이 높다.

물론 가야인들이 마음씨 좋은 자선사업가가 아닌 이상, 공짜로 왜

가야의 고분에서 출토된 말 장신구들.

국에 철을 주지는 않았을 것이다. 철을 수출하는 대가로 왜국으로부터 뭔가를 얻어왔을 것이다. 왜국이 가야의 철을 받는 대가로 가야에 제공하는 것이 있었을 텐데, 한국과 일본의 학자들은 그것을 사람이라고 보고 있다. 고대의 왜국은 뛰어난 과학기술이나 엄청난 부를 가진 경제 대국도 아니었고, 그저 가진 건 사람뿐이었으니, 가야의 철을 받는 대가로 가야에 사람을 보내 노동자나 병사로 쓰게 했을 수도 있다.

가야인들은 철을 가공해 갑옷을 만들었는데, 가야가 있던 경상남도 지역에서 발굴한 유물들을 보면 실로 다양하다. 그중에는 15세기 서양의 플레이트 아머와 겉모습이 비슷한 판갑도 있으며, 여러 개의 철판 조각을 가죽 끈으로 엮어 만든 찰갑도 있다. KBS TV 〈역사스페셜〉에서 다룬 덕분에 가야 갑옷, 하면 판갑이 유명하지만 사실 가야인들은 판갑과 찰갑 모두 만들어 사용했다.

또한 가야의 갑옷 중에는 사람만 입는 것이 아닌, 말에 씌우는 마갑馬甲도 있다. 그것은 가야인들도 사람과 말이 모두 갑옷을 착용하는 중무장 기병을 운용했다는 것을 뜻한다.

가야의 중무장 기병들이 어떻게 싸웠는지에 대해서는 관련 자료가 거의 없어서 뭐라고 확실히 단정 짓기는 어렵다. 다만, 신라 토기들을 보면 갑옷을 입은 중무장 기병이 창을 던지는 자세를 취한 모습이 있는데, 이로 미루어 볼 때 가야의 중무장 기병들도 말 위에서 적을 향해 창을 던지며 싸웠을 것이다. 북방 유목민인 선비족이 중국에 내려와 나라를 세운 5호16국 시대 이전까지 고대 동양의 기병들은 대부분 돌격보다는 원거리 사격을 중시하는 전술을 택했다.

2005년 8월 5일, 〈역사스페셜〉에서 방영한 내용에 따르면 가야에도 여전사들이 있었다고 한다. 가야 고분에서 갑옷과 무기를 갖추고 매장된 여성 유골 세 구가 발견되었다는 사실을 근거로 추정한 내용이다.

그러나 어느 시대나 인종을 막론하고 여자들의 육체적 힘은 남자보다 약하다. 하물며 고대 전쟁은 지금과는 달리 거의 사람의 힘만으로 이루어지는데, 과연 여자들이 무장을 했다고 해서 남자들보다 더 잘 싸울 수 있었을까? 물론 여자가 쏘는 활이나 휘두르는 창칼이라고 해서 맞으면 안 죽는 것은 아니다. 또, 실제로도 거란이나 몽골 같은 북방 유목민들은 여자들이 군대를 지휘하기도 했다.

하지만 여자들만을 전문적인 전투병으로 배치한 사회가 있었으리라고는 생각하기 힘들다. 아마 무장한 채로 매장된 가야 여성들은 전문 여전사라기보다는, 급박한 상황에서 어쩔 수 없이 여자들만이라도 호신을 위해 무장을 해야 했던 현실을 반영한 증거일 것이다.

신라보다 강했던 가야
∷

수로왕이 살아 있을 당시 가야는 신라보다 강한 나라였다. 서기 102년, 신라 인근의 작은 나라인 음즙벌국과 실질곡국이 국경 분쟁을 벌이다 신라에게 도움을 요청했다. 그러나 당시 신라의 통치자인 파사이사금婆

婆尼師今(?~112)은 이 문제를 가야의 수로왕에게 넘겼다. 수로왕은 음즙벌국의 편을 들었고, 그의 도움으로 골치 아픈 문제가 처리되자 파사이사금은 답례로 신라의 6부를 통해 수로왕을 위한 잔치를 열어 주었다.

자신을 찾아온 이웃 나라들의 분쟁을 해결하는 데 외국인 가야에게 도움을 청한 것을 보면, 파사이사금은 자신보다 가야가 더 국제적으로 강한 나라라고 생각했던 것으로 보인다.

그런데 서기 209년, 낙동강 하류에 있던 8개 나라들의 연맹체인 포상팔국浦上八國이 김해의 금관가야를 침략하여 6000명의 백성들을 납치해 가자, 금관가야는 스스로의 힘으로 그들에게 복수하지 못하고 신라에 도움을 요청했다. 금관가야의 요청을 받은 신라의 내해이사금은 태자인 우로와 신하 이음을 보내 포상팔국 군대를 격파하고 금관가야 백성 6000명을 모두 구출하여 본국으로 귀환시켰다.

음즙벌국과 실질곡국의 국경 분쟁 사건이 있은 지 거의 100년 만에 가야와 신라의 위상이 바뀐 것이다. 100년 전에는 신라가 가야에 도움을 요청했는데, 이제는 가야의 맹주인 금관가야가 신라에 도움을 청했다. 100년이라는 세월이 흐르는 동안, 두 나라의 국력에 차이가 생긴 것이다. 어쩌면 이는 통합된 중앙집권적 국가로 성장하지 못하고 연맹체에 머물러 있던 구조적 한계를 극복하지 못한 데서 비롯된 결과가 아닐까 한다.

그 후 가야의 사적은 한동안 드러나지 않다가 서기 404년 다시 역사에 등장한다. 당시 가야는 왜와 손잡고 신라를 공격하여 신라를 큰

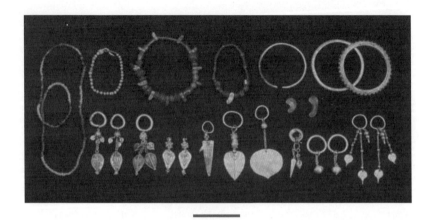

가야의 황금 장신구.

위기로 몰아넣었는데, 광개토대왕비에는 이때의 상황을 가리켜 "온 나라(신라)에 왜구가 가득하여 신라가 망할 정도였다."라고 기록되어 있다. 그러나 신라의 구원 요청을 받은 고구려의 광개토대왕은 친히 5만의 군대를 이끌고 번개같이 남하하여 가야와 왜의 연합군을 크게 섬멸했다. 왜야 다시 배를 타고 바다를 건너 그들의 고향으로 도망치면 그만이었으나, 도망갈 수 없었던 가야는 고구려군에게 철저하게 짓밟혀 막대한 피해를 입었다. 특히, 그동안 가야의 맹주였던 금관가야는 고구려에게 받았던 타격이 너무나 커서 맹주 자리를 대가야에게 넘겨주고 말았다.

금관가야보다 비교적 세력을 온전히 보존했던 대가야는 서기 479년 하지왕荷知王 때 중국 남제에 사신을 파견해 외교 관계를 맺고, 481년 고구려의 공격을 받은 신라를 돕기 위해 군대를 파견하기도 했다.

이에 대한 답례로 522년, 신라의 법흥왕은 신하인 이찬 비조부의 여동생을 대가야 이뇌왕異腦王에게 시집보냈다. 이뇌왕은 신라 여인을 왕비로 삼았고, 두 사람 사이에서 아들인 월광태자가 태어났다.

하지만 신라와의 혼인 동맹은 가야 연맹을 강화시키기는커녕 오히려 더 약화시켰다. 7년 후인 529년, 가야에 속해 있던 작은 나라인 탁기탄국이 신라에 항복해 버린 일이 발생했다. 또한 532년에는 금관가야의 마지막 왕인 구해왕仇亥王 역시 신라에 항복했다.

어째서 이 나라들은 신라에 주권을 넘겼던 것일까? 자료가 적어 알기 어려우나, 아마 백성들이 나라 밖으로 도망치는 등의 일이 겹치고 갈수록 세력이 쇠약해지면서 신라의 압력을 더는 견디기 힘들어 그런 결정을 내린 것으로 여겨진다.

신라에 귀순한 구해왕의 세 번째 아들인 김무력은 신라 귀족 사회에 편입되었고, 이후 신라군을 이끌며 가야인들을 정복하는 데 앞장섰다. 또한 그는 553년, 백제와 가야, 왜의 연합군을 관산성 전투에서 크게 무찌르고 백제 성왕을 죽이는 어마어마한 전과를 올렸다. 가야의 자손이 가야인들을 쳐부순 셈이다.

관산성 전투의 패배로 인해 가야 연맹의 세력은 큰 타격을 받고 더욱 위축되었다. 560년에는 가야 연맹에 소속된 작은 나라인 안라국이 신라에 항복했다. 그리고 2년 후인 562년에는 신라 진흥왕이 보낸 신라군이 대가야를 침공하여 멸망시켰다. 당시 대가야는 도설지왕道設智王이 다스리고 있었는데, 그가 바로 이뇌왕과 신라 여인 사이에서 태어난 월광태자였다. 참으로 비정하게도 신라인들은 자신들의 피가 섞인 대가야마저도 멸하고 만 것이다.

대가야가 망하자 다른 가야 연맹체들도 얼마 못 가 모두 신라에게 흡수되었다. 그리하여 약 500년 넘게 존속해왔던 가야의 역사도 끝나고 말았다.

가야가 남긴 유물
::

오랜 세월 동안 존재했으나, 안타깝게도 가야인들이 남긴 기록은 대부분 사라지고 그들과 외교 관계를 맺었던 신라나 일본인들이 남긴 기록만이 전해진다.

하지만 가야인들의 후손에 관한 기록은 다행히 역사서에 보인다. 가야가 망하자 가야인들은 크게 두 패로 나뉘었는데, 하나는 신라의 지배를 받아들이며 신라에 흡수되는 길을 택한 쪽이고, 다른 하나는 신라의 지배를 거부하고 바다 건너 멀리 왜국으로 이주한 쪽이다.

신라에 귀순한 가야인들 중 일부는 신라 상류 사회에 편입되기도 했다. 그중 한 사람이 앞에서 언급한 김무력이다. 김무력의 손자가 바로 우리들도 잘 알고 있는, 삼국통일의 위업을 달성한 김유신 장군이다. 김유신은 자신이 가야 왕족의 후손임을 잘 알고 있었고, 그로 인해 그가 젊었을 때는 가야 유민들이 찾아와 어려움을 호소하기도 했다.

또한 가야금을 만든 음악가인 우륵도 신라에 항복한 가야인이었다. 신라 진흥왕은 우륵이 연주하는 음악을 좋아하여 그를 가까이 두었는데, 이를 시기한 신라의 신하들이 "우륵은 망한 나라 사람인데, 그를 총애함으로 인해 자칫 망국의 일을 되풀이 될까 두렵습니다."라고 간언한 일은 교과서에도 나오는 잘 알려진 이야기다.

한편 신라를 거부하고 왜국으로 떠난 가야인들은 왜인들에게 제철 기술을 전파했다. 이를 '타타라'라고 부르는데, 모래를 녹여 그 속에서 철 성분을 뽑아내어 철을 만드는 사철 제조 기술이다. 전 세계적인 명성을 얻은 칼인 일본도도 이 타타라 제조 기술 덕분에 탄생할 수 있었다.

이 밖에도 가야가 우리에게 남긴 자취는 결코 적지 않다. 가야의 시조인 수로왕의 성씨는 김金이었는데, 그는 오늘날 한국 최대의 성씨인 김해 김씨의 시조이다. 현재 우리나라에서 김해 김씨를 쓰는 인구는 400만이나 된다고 한다.

물론 김해 김씨 성을 쓰는 사람들이 전부 김수로왕의 후손이라고 하기는 어려우나, 상징적으로도 그들이 김수로왕의 자손이라고 본다면, 비록 가야는 신라에 흡수되었으나 그 자손들은 아직도 왕성히 남아 활동하고 있는 셈이다.

참고 도서

《고구려 본기》, 박영규, 웅진지식하우스
《구오대사 신오대사》, 동북아역사재단 옮김, 동북아역사재단
《국역 요사》, 김위현, 단국대학교출판부
《뉴라이트》, 임정, 필맥
《독도·울릉도의 역사》, 김호동, 경인문화사
《로마제국과 유럽의 탄생》, 피터 히더, 이순호 옮김, 다른세상
《로마제국 쇠망사》, 에드워드 기번, 윤수인·김희용 옮김, 민음사
《몽골의 문화와 자연지리》, 박원길, 민속원
《박물지》, 장화, 임동석 옮김, 동서문화사
《북사 외국전 역주》, 동북아역사재단 옮김, 동북아역사재단
《비잔티움 연대기》, 존 줄리어스 노리치, 남경태 옮김, 바다출판사
《사기열전》, 사마천, 임동석 옮김, 동서문화사
《삼국사기》, 김부식, 을유문화사
《삼국유사》, 일연, 고운기 옮김, 홍익출판사
《삼국지 진서 외국전 역주》, 동북아역사재단 엮어옮김, 동북아역사재단
《서양 고대 전쟁사 박물관》, 존 워리, 임웅 옮김, 르네상스
《세상에서 가장 재미있는 세계사》, 래리 고닉, 이희재 옮김, 궁리
《송사 외국전 역주》, 동북아역사재단 옮김, 동북아역사재단
《아프가니스탄》, 스테판 태너, 김주식·김성준·류재현 옮김, 한국해양전략연구소
《유라시아 대륙에 피어났던 야망의 바람》, 박원길, 민속원
《유라시아 유목제국사》, 르네 그루세, 김호동 옮김, 사계절출판사
《정사 삼국지– 위서》, 진수, 김원중 옮김, 민음사
《주서 수서 외국전 역주》, 동북아역사재단 옮김, 동북아역사재단
《중국을 말한다 8》, 류징청, 이원길 옮김, 신원문화사
《중국을 말한다 10》, 진얼원, 김춘택 옮김, 신원문화사
《중국을 말한다 11》, 청위, 이원길 옮김, 신원문화사
《중국을 말한다 12》, 청위, 김춘택 옮김, 신원문화사
《초원의 전사들》, 에릭 힐딩거, 채만식 옮김, 일조각
《춤추는 발해인》, 강인욱, 주류성

《켈트족》, 크리스티안 엘뤼에르, 박상률 옮김, 시공사
《켈트 신화와 전설》, 찰스 스콰이어, 나영균 · 전수용 옮김, 황소자리
《페르시아 사산제국 정치사》, 압돌 호세인 자린쿠, 태일 옮김, 예영커뮤니케이션
《활이 바꾼 세계사》, 김후, 가람기획
《훈족의 왕 아틸라》, 패트릭 하워스, 김훈 옮김, 가람기획